Αίλουρος

Дмитрий Данилов

# ПЕРЕКЛЮЧАТЕЛЬ

Ailuros Publishing
New York
2015

Редактор Елена Сунцова.
В оформлении обложки использованы фотоработы Анастасии Цайдер из серии
«Русские интерьеры».
Подписано в печать 1 мая 2015 года.

Switch
Poems by Dmitriy Danilov
Ailuros Publishing, New York, USA
www.elenasuntsova.com

ISBN 978-1-938781-33-9

## Маленькое, убогое

Идут так называемые «годы» «жизни»
И все более и более становится интересным
Все маленькое, ничтожное, убогое
Все неинтересное, скучное
Обыденное и привычное
Маленькие городки и поселки
Пыльные, обычные
Главная улица
Как в американских некоторых городах
Мейн стрит
Так и у нас тоже
Главная улица, несколько параллельных улиц
И много перпендикулярных
Дома такие обычные, серенькие
Пятиэтажные, четырехэтажные
И трехэтажные
Железнодорожная станция
И автовокзал
Стадион новый, с пластиковыми сиденьями
                                    и искусственным газоном
Или старый, со старыми деревянными скамейками
И натуральным газоном
Кочковатым, по которому мяч катится, подпрыгивая
На таком газоне трудно проявить себя
Команде, игроки которой
Обладают хорошей техникой
Зато легко проявить себя
Команде, игроки которой
Обладают плохой техникой
В английском деревенском стиле
Проход по флангу и навес
И удар головой, и, может быть, гол
Пыльные улицы
Магазин двадцать четыре часа
Алкоголь продается до девяти
Но можно и позже
В принципе, почему бы и нет
Все маленькое, ничтожное
И убогое
Нравится все больше и больше

5

Вещи, валяющиеся на Земле
Вещи, пришедшие в негодность
Маленькие помятые автобусы
И маленькие старые автомобили
Жигули-классика какая-нибудь
Или вот, например, ижевские Москвичи
Неинтересные, слабые книги
Например, советская книжка
Про то, как два советских журналиста
Поехали «в район»
И выявили там так называемые
Злоупотребления
Зло наказано, в итоге
Добродетель как бы торжествует
Это так трогательно
Прямо скулы сводит
Маленькие, слабые
Футбольные команды
Третьего дивизиона
Или чемпионата области
Например, Московской
Так они милы и любимы
Эти убогие команды
ФК Торпедо Люберцы
ФК Красково (Люберецкий район)
ФК Юность Серебряные Пруды
ФК Олимп-СКОПА (г. Железнодорожный)
Какое же дикое название
Надо же так было назвать клуб
Олимп-СКОПА
Дикость какая-то
Но и это дикое название
Как-то дополнительно добавляет
Симпатии какой-то, что ли
Или даже, в каком-то смысле
Любви
Если можно так выразиться
Просидеть на скамейке часа три
Чтобы ничего не произошло
Унылые скучные помещения
Коридоры и кабинеты
Был недавно

На одной фотовыставке
Проект заключался
В фотографировании пустых, безлюдных
Интерьеров одного карельского города
Больница, поликлиника
Детский сад, офисы какие-то
И все в таком роде
Как же это было прекрасно
Невозможно оторваться
От этих прекрасных фотографий
Запечатлевших скучное и обыденное
Или вот еще один фотопроект
Человек ездит по маленьким городкам
И фотографирует маленькие футбольные стадионы
На которых играют крошечные, ничтожные
Футбольные команды
Кувшиново (Тверская область)
Полярный (Мурманская область)
Валдай (Новгородская область)
И так далее
Можно рассматривать эти фотографии
Раз пятьдесят или сто
В них так много всего
Радует, очень радует
Что в нашем мире
Зацикленном на необычности
Оригинальности
Яркости и на прочей <нецензурное выражение>
Есть люди, которые обращают внимание
На маленькое, скучное и обычное
Потому что нет ничего интереснее
И прекраснее
Маленького, убогого
Скучного, обычного
Надо только присмотреться внимательнее
Вглядеться
И наша обыденная, дикая реальность
Засияет невозможными цветами
Или, можно еще сказать, красками
Надо только вглядеться, всмотреться
Внимательно вглядеться и всмотреться
Вглядеться и всмотреться

## Гимн Болгарии

Обнаружил вдруг
На ютюбе
Гимн Болгарии
Гимны — предмет моего интереса
Но гимн Болгарии
Почему-то
Оставался за пределами
Моего внимания
А хороший ведь гимн
Хороший
Очень хороший
Мила Родина
Вернее, Родино
Звательный падеж
Так поется в болгарском гимне
Ти си земен рай
То есть
Ты есть рай на Земле
Смелое вообще-то утверждение
Сомнительная это идея
Рай на Земле
В общем
Болгария, по мнению автора гимна
Цветана Радославлова
Рай на Земле
Рай на Земле
Ох, рай на Земле
Тут возникают проблемы
Что писать с большой буквы
Рай или Землю
Ну, принято у нас и то, и другое
Писать с маленькой буквы
А, по-моему,
Надо и то, и другое
И вообще Всё
Писать с Большой Буквы
Ну да ладно
Интересно другое
Интересно то,
Что болгары

Или, по крайней мере,
Авторы их гимна
Но и болгары тоже,
Разделяющие идеи гимна
Любят свою родину
Из-за описанных
В гимне реалий
Любят за горы, реки
И считают ее
Раем на Земле
Рай на Земле
Это сильное, вообще-то, утверждение
Так вот уж прямо вот уж
Рай на Земле
Интересно, а можно
Назвать нашу страну
В общем, Россию
Раем на Земле
Слышу хохот
Слышу громкий хохот
Не надо хохота
Давайте пока не будем хохотать
Наверное, нельзя
Нельзя назвать ее
Раем на Земле
Горы у нас, в основном
В таких местах
Что лучше бы этих мест не было
Реки, правда
Есть у нас хорошие
Волга, например
Северная Двина
Обь, Енисей
Лена
С реками у нас все в порядке
Да и горы у нас есть
Хорошие
Отличные есть горы у нас
Это все ладно
А вообще
Непонятно
Что петь нам

Любим мы, конечно
Серенькие наши пейзажи
Серенькую нашу землю
Сероватые наши пространства
Бесконечные
Коричневые наши просторы
Поля наши цвета непонятно чего
Пустоты наши, прекрасно бесцветные
Бесцветненькие наши поселки и города
Серенькие наши домики
И пространства между домиками
И огромные наши домики
Семнадцатиэтажные
И двадцатидвухэтажные
И наши родные пространства
Между ними
И гимн наш
Должен быть примерно таким
Славься, серость наша родная
Славься, бетон наш и промежутки
Славься, наша серенькая великая земля
Славься, серенький наш великий народ
Почему бы и нет, кстати
Почему бы и нет
Гляжу в окно прямо сейчас
Гляжу в мое не очень солнечное окно
В окно видны
Коричневая наша земля
Гора коричневой земли —
Полигон бытовых отходов
Транспорт, едущий
По улице Дмитриевского и по Косинскому шоссе
Да, так его назвали
И так далее
Можно ли любить это
Вот это все
Да, это все можно и нужно любить
Любить это все можно и нужно
Правда, трудно
Ну, что делать
Надо стараться
Надо как-то себя заставлять

Иначе как жить тут
Среди этого вот всего
Вереница огней
Вдоль Косинского шоссе
Скопление огней
У светофора на въезде
На улицу Дмитриевского
Вдали маячит гора бытовых отходов
За горой — величественная гряда домов
Микрорайона Некрасовка
А прямо передо мной
Величественные дома
Города Люберцы
Единственный выход
Это полюбить это вот всё
И я это всё люблю
И дома Некрасовки
И полигон бытовых отходов
И люберецкие кварталы
И протекающую прямо под домом
Улицу Дмитриевского
Выхожу на улицу
И все окружающее люблю
Дома все эти громадные
И обустройство дворов
И футбольную площадку нашу
И безымянный наш проезд
Доходящий до улицы Рудневка
В общем, люблю это все
Но можно ли назвать все это
Раем на Земле
Трудно сказать
Трудно сказать
Наверное, нет
С другой стороны
Если можно назвать Раем
Какие-то там балканские горы
Какой-то там Пирин
То и у нас найдутся места
Которые можно назвать Раем
На Земле
Например, если ехать

На поезде от Москвы до Владивостока
То, проехав Красноярск и, соответственно
Енисей
Можно видеть Рай
Прекрасные невысокие горы
Чудесные, райские
Конусовидные, поросшие лесом
А если доехать до Байкала
То можно просто от восхищения
И восторга
Морду себе разбить
О вагонный столик
Настолько это прекрасно
Настолько это восхитительно и прекрасно
Морду себе разбить
И не пожалеть об этом
Так что и про нашу страну
Так называемую нашу страну
Можно сказать
Что она Рай на Земле
Хотя это, конечно, смелое утверждение
И вообще смешно звучит
Обхохочешься
Но это именно так

## Москва

Сидели с Семеном в кафе
И обсуждали философские вопросы
В самом прямом смысле
Действительно, философские
Кроме шуток, как говорится
И политические, конечно
Которые неотделимы
От философских
Если правильно к ним подходить
И в какой-то момент
Встреча закончилась
Потому что Семену
Надо было ехать в другой город
Он поехал в другой город
А я вызвал такси
И поехал
Едем, едем и едем
Как же прекрасна Москва
Переулки в районе Новослободской
Красная церковь
Типичная, московская
Потом Садовое кольцо
Поворот на Мясницкую
Магазин, где продается
Хорошее и недорогое
Итальянское вино
И потом дальше, дальше
Сквозь Москву
Садовое кольцо
Три Вокзала
Есть ли где-то еще
Такое место — Три Вокзала
А в Москве есть
Краснопрудная улица
Русаковская улица
В какой-то момент
Поймал себя на мысли
Что вот эти дома
Дико похожи
На Нью-Йорк

Впереди маячит небоскреб
Действительно, это место
Очень похоже на Нью-Йорк
И вообще, все это
Дико, очень
Похоже на Нью-Йорк
Не по архитектуре, конечно
А, так сказать, по духу
Как бы ни было чудовищно
Это выражение
Что значит — по духу
А вот то и значит
Это города-побратимы
Хотя они таковыми
Никогда не будут
Наверное, официально
Никогда не будут
Скорее, Москва
Будет городом-побратимом
Какого-нибудь совершенно чуждого ей
Вашингтона
Или, может быть, уже
Хотя, в Вашингтоне я ни разу не был
И не могу судить
О его чуждости
Или, хотя, почему же
Могу, могу
Могу судить о его чуждости
Потому что Москве родственен
Только Нью-Йорк
Две «Америки» распростерлись
По обеим сторонам Европы
Влево Америка
Вправо Россия
Слева Нью-Йорк
Справа — Москва
Так сохраняется
Мировая гармония
Мировое равенство
И баланс, и равновесие
Хотя, конечно, ничего общего нет
Между Россией и Америкой

Так, на первый взгляд, кажется
Но это неважно

Машина выезжает
На Щелковское шоссе
Здесь Москва
Уже не очень похожа
На Нью-Йорк
С другой стороны
Нью-Йорк и сам на себя не похож
Где-нибудь в Квинсе
Или в отдаленном Бруклине
А Москва-то
Везде на себя похожа
Девятиэтажные домики, эх
Двенадцатиэтажные домики, эх
И другие разные домики, эх
Едем мы среди домиков
И вот происходит встреча
Во дворе одного из домиков
Здравствуй, здравствуй
Привет, привет
Поцелуй и взгляд
И теперь можно ехать домой
В наше родное Кожухово
Это московский район
За пределами МКАД
Утопающие в зелени дома
Тихие улицы
Шумный МКАД
Машина летит сквозь Реальность
Торговые центры, дома
И торговые центры
И машина поворачивает
В наше родное Кожухово
И вот мы уже практически дома

Господи, сделай так
Чтобы можно было
Всю жизнь прожить в Москве
Как-нибудь, тихонечко
Чтобы не надо было отсюда

Бежать, уезжать
Чтобы можно было бы жить
Ну хотя бы в Кожухово
Или в другом месте
Но в Москве, в России
Не просто в России
А именно в Москве
Чтобы слышать вокруг
Русский язык
Чтобы, например
Спросить, а где тут
Первый Стрелецкий переулок
Не подскажете
И получить ответ
Это вон там, пойдете вон туда
И потом повернете направо
И уловить мимолетную улыбку
Человека, которого ты не знаешь
И не узнаешь
И не встретишь больше никогда
И чтобы можно было идти
По маленькой тихой улочке
По переулку какому-нибудь
По Тверскому бульвару
И по всем остальным бульварам
И чтобы это все не исчезло
Никогда
Вернее, рано или поздно
Это все равно исчезнет
Но пусть это будет, сохранится
Пока продолжается
Так называемая жизнь

Просто так получилось
Что я люблю Москву
Все ее не любят
А я люблю
До дрожи, до судорог
Помнится, как-то раз ехал
По Ярославскому шоссе
В Королев, город космонавтов
По левой стороне следования автобуса

Располагались унылые серые дома
Девятиэтажные
И прямо как-то пробило
На глазах
Выступили слезы
Да, вот прямо так
Так милы и любимы
Были эти серые девятиэтажки
Есть некая странная уверенность
Что многое из известной нам реальности
Исчезнет
А Москва еще надолго останется
Хватит ее еще на наш век
Три буквы е подряд
Ну и ладно
И врагу никогда не добиться
Чтоб склонилась твоя голова
Глупо сейчас выглядят эти строки
Эти куплеты этой песни
Этого гимна Москвы
Но есть в них некая правда
Этот город продлится еще долго
Этот город будет еще стоять
Все рухнет, а он еще будет
И долго еще будет

Такси подъезжает к дому
К нужному подъезду
Спасибо, спасибо, спасибо
И дверь подъезда
Гулко хлопает за нами

**Индивидуальные действия — поездки по городу**

Москва, как бы мне
Еще в тебя проникнуть
Как бы мне
Еще в тебя углубиться
Ну, например, так
В течение двенадцати часов
Ездить по тебе, Москва
В твоих городских автобусах
От конечной до конечной
Остановки
Проехал на одном автобусе
От конечной до конечной
И дальше, от этой же конечной
На другом автобусе
Который первым подойдет
Не задавая заранее
Никакого умышленного маршрута
Как понесет
Куда понесет
Как получится, в общем
Стартовать решил
От Красной площади
Откуда же еще
Сердце Москвы
Сердце России, так сказать
Там как раз есть конечная остановка
Автобуса 25
У Москворецкого моста
И вот, подхожу по Варварке
К Красной площади
Утро красит нежным цветом
Или светом, как правильно
Стены древнего Кремля
И так далее
И вдруг на Варварке
Обнаруживается остановка
Автобуса 25
Который, оказывается
Имеет конечную остановку
На Лубянской площади

И вот прямо в этот момент
К остановке подруливает
Автобус 25
Идущий, или, вернее сказать
Едущий
До Лубянской площади
До своей конечной остановки
И в соответствии с проектом
Приходится садиться в него
И ехать до Лубянской площади
Там выйти на секунду
Сфотографировать этот автобус
И снова в него войти
Начать задуманное действие
Девять сорок утра
Впереди весь день
Двенадцать часов этого дня
Следует посвятить
Поездкам на автобусах
Городских автобусах
Города Москвы
В Москве очень много автобусов
Сеть их маршрутов
Густо покрывает
Тело Москвы
Округлое тело Москвы
Принято считать
Что Москва — женщина
Ну да, а как же иначе
А что, разве может быть
Как-то по-другому
Нет, конечно
Но лучше не углубляться
В эту гендерную тематику
Москва — она
Это очевидно
Москва — существительное женского рода
И можно это больше
Не обсуждать
Да можно просто
Прогуляться по Москве
Минут десять

Или двадцать
По любому ее месту
И раз и навсегда понять
Что Москва — это, конечно же, Она
И более к этому вопросу
Не возвращаться
Так вот, в Москве
Очень много автобусов
И интересно попробовать на них поездить
В таком вот режиме
От конечной до конечной
Наугад
Какой первый подойдет
Вернее, подъедет
На том и поехать

Итак, Лубянская площадь, старт
Автобус 25
Едет по кусочку Красной площади
Мимо Кремля
Какое же это все-таки
Прекрасное место
Не все люди это понимают
Увы им
Ну да ладно
Дальше начинается Замоскворечье
Большая Ордынка
Потом автобус переезжает Садовое кольцо
Проезжает «Тульскую»
С ее чудовищным армянским мегастором
Под железнодорожным мостом
Под еще одним
Поворот направо —
И вот местность Нагорная
Тихая скучная тихость
Люди в автобусе рассуждают
О том, где выгоднее делать покупки
В Пятерочке или в Индюшке
Есть и такой магазин во Вселенной
Тихие домики, тихие магазины
Тихое метро Нагорная
И конечная

И люди расходятся
По своим магазинам
Пятерочка и Индюшка
И расходятся по своим домам

Дальше было много еще поездок
На 119-м доехал
Аж до Киевского вокзала
Потом побывал в странном поселочке
Сетуньских проездов
Потом сразу — раз! —
И до Матвеевского доехал
На 91-м автобусе
Еще там где-то мотался
Побывал даже
На пустынной конечной остановке
Которая называется «МКАД»
Она пустынна
И там ничего нет
И хотел посидеть там
Понаслаждаться
Отсутствием всего
Но моментально подъехал автобус
И пришлось на нем ехать
Таково было условие проекта
Или акции, как правильно сказать
И долго еще мотался по Юго-Западу
Бесконечно отъезжал
От «Проспекта Вернадского»
И бесконечно возвращался
К «Проспекту Вернадского»
Так складывались автобусы
И даже как-то начал
Слегка ненавидеть
Эту станцию метро
«Проспект Вернадского»
Хотя, это очень хорошее место
Жить там завидно
По крайней мере, в хороших домах
Коих там очень много
Несколько раз проехал
Мимо МГИМО

Ну что за фигня
Хотя не имею ничего против
МГИМО
Но все же, что за фигня
И вот, наконец
Удалось отъехать
От метро «Проспект Вернадского»
И приехать к метро
«Новые Черемушки»
Казалось бы, ничем не лучше
Но оттуда удалось в два прыжка
То есть, посредством двух автобусов
Достичь сначала метро «Варшавская»
То есть, уже выйти за пределы
Юго-Запада
Как бы хорош он ни был
В случае Москвы
Юго-Запад — это одно из лучших мест
Москвы
Это вообще, вообще
Это очень классно
Но в данном случае
Он как-то поднадоел
И потом от «Варшавской»
Доехал до станции
Бирюлево-Товарная
Вот это удача
Вот это успех
Прошло как раз
Двенадцать часов
С начала этой акции
И можно уже было
Направляться домой
Что и было сделано

Москва, Москва
Как же ты прекрасна
В своих убогих местах
В Матвеевском (хотя, неплохой район)
На конечной остановке «МКАД»
В странном квартале
Сетуньских проездов

В окрестностях
Станции Бирюлево-Товарная
Человеку, который мог бы
Полюбить Москву
Надо обязательно
Побывать в таких местах
И он обязательно
Полюбит Москву
Но так никогда не получается
Человек, который мог бы
Полюбить Москву
Никогда не бывает
В таких местах
Он вялым взглядом
Осматривает Кремль
Красную площадь
Покровский собор
Пушкинскую площадь
Останкино
И еще вокзалы
Аэропорты
(Хотя вокзалы
И аэропорты Москвы
Тоже прекрасны)
И так далее
И не любит Москву
И говорит: много народу
Шумно
Много суеты
Пробки
И агрессивная среда
И так далее
И не любит Москву

Ну, что делать
А мы будем ее любить
Долгое ожидание автобуса
На конечной остановке
Станция Бирюлево-Товарная
Какой-то пьяненький мужичок
Кричит в трубку
Ну а как же я поеду

Ну а как ты-то домой поедешь
И их диалог повторяется
Множество раз
И подъезжает автобус 756
До Царицыно
Проект окончен
По крайней мере, на сегодня
Потом его можно будет продолжить
Царицыно — это очень близко
Метро, железнодорожная станция
Несколько остановок — и уже Текстильщики
Еще немного — и уже дома

Хорошо, что это все было
Все эти скучноватые поездки
На московских автобусах
В основном, по Юго-Западу
Москвы
Если представить себе
Такой показатель
Как уровень проникновения
В дух Москвы
Или как это еще сказать
И по аналогии с компьютерными играми
Оценить этот уровень
Какой-нибудь цифрой
Например, 89
То можно сказать
Что в ходе этого эксперимента
Показатель повысился
До 90 или даже до 91
В любом случае, это неплохо.

## Нью-Йорк (гимн)

Желание побывать в Нью-Йорке
Возникло давно
Трудно даже отследить
Когда именно
Когда-то в глубокой юности
Даже непонятно откуда
Оно возникло
Какие-то обрывки фильмов
Какие-то куски книг
Но главное — карта Нью-Йорка
Когда-то давно увидел
Карту Нью-Йорка
Вернее, Манхэттена
Ее можно было рассматривать часами
Как карту Москвы, примерно
Нет, конечно
Карта Москвы
Гораздо прекрасней
Ее вообще невозможно
С чем-либо сравнить
Но далее по степени прекрасности
Следует карта Нью-Йорка
Так вот, карту Манхэттена
Да и Нью-Йорка в целом
Можно было рассматривать часами
Не отрываясь
Две реки по краям
И эти все улицы
Внизу беспорядочные
А потом, выше
Упорядоченные
И эта решетка улиц
Почему-то не казалась
Скучной, однообразной
Нет, было в ней
(И есть)
Что-то увлекательное, завораживающее

Можно было рассматривать
Эту карту

Часами, часами
Что и было проделано

Поездки за так называемую границу
Были сначала запрещены
Потом финансово недоступны
В общем, о них не думалось
Но часто думалось о Нью-Йорке
Что, мол, хорошо бы
Вот именно там побывать
Ни о Лондоне так не думалось
Ни о Париже
Который, казалось бы
Весь был изучен и выучен
Во французской спецшколе
Нет, только о Нью-Йорке
Были такие вот
Смутные мечты

Странно, к чему бы это
Казалось бы

Правда, было еще
Подобное влечение
К Санкт-Петербургу
Или к Питеру, как мы тогда говорили
Так лучше не говорить
Лучше называть этот город
Этот странный город
Санкт-Петербургом
Или просто Петербургом
А тогда он назывался вообще
Ладно, не будем произносить это название
Хотя оно по-своему красиво
И вот приехал однажды в Петербург
В 1987 году
Это был какой-то другой мир
Какое-то потрясение внутренних основ

Впрочем, ладно
Мы же не о Петербурге
О Петербурге можно будет

Потом как-нибудь написать
Мы о Нью-Йорке

Да, в общем, как-то всегда хотелось
Там побывать
И всегда была уверенность
Что этот город
Не то что понравится
А очень сильно полюбится
Да, было такое
Совершенно иррациональное ощущение

Однажды сидел в редакции
Что-то писал, редактировал
Позвонили: здравствуйте
Мы выбрали вас
Мы приглашаем вас
В поездку по Америке
Сначала Оксфорд, Миссисипи
А потом три дня Нью-Йорк

Вот оно как
Надо же, вот оно как
Это была странная
Не претендующая на осуществление
Необязательная мечта
И вот она вдруг
Похоже, сбывается
Надо же, надо же
Вот оно как

Долго летели с пересадками
И прилетели в Нью-Арк
Новый Ковчег, типа
Это штат Нью-Джерси
Погрузились в микроавтобус
И долго ехали на восток
Стояли в пробках
При въезде в Холланд-тоннель
Или как там он называется
В какой-то тоннель
И в тоннеле стояли долго

Потому что пять вечера
Или шесть
И народ разъезжается по домам
Наконец, тоннель был преодолен
И мы оказались прямо на Манхэттене
На нижнем Манхэттене
И еще чуть-чуть проехали
До отеля в районе Трайбека
Вышли, выгрузились
Огляделись по сторонам
Огляделся по сторонам
Как всегда бывает
В важные моменты жизни
Эмоции были сдержанными
Ну, так, стоял, озирался
Я в Нью-Йорке
Я на Манхэттене
Ну да, ну да
В общем
В таких случаях
Бывает разочарование
Нет, разочарования не было
Было, наоборот, очарование

Собственно, здесь
Надо прервать непрерывное описание
Потом была поездка в Бруклин
На открытие какого-то литературного журнала
Принимающая сторона пригласила
Шумная бессодержательная вечеринка
(Не то, что у нас)
Потом ночью поездка на метро
Обратно на Манхэттен

Надо как-то собраться
Надо как-то набрать в легкие воздух
Это были лучшие минуты
Вернее, часы
Не то что в жизни
Нет, в жизни
Бывали и еще более
Лучшие минуты

О них не стоит говорить
Но мало было в жизни
Более ярких минут
Чем это ночное ожидание
Поезда на станции
4-я авеню
Долгое ожидание
И потом прибытие поезда
И поездка на Манхэттен с пересадкой
И прогулка в ночи
По Манхэттену

Потом были еще поездки
И прогулки по Нью-Йорку
И были еще приезды в Нью-Йорк
И как-то дико, ярко запомнилась
Прогулка по Верхнему Вест-Сайду
В сентябре 2009 года
Утром, в поисках адаптера
Для европейских электрических устройств
Чтобы их заряжать
От магазина до магазина
И вроде бы надо обращать внимание
На магазины, которые
Продают всякую мелочь
А ты просто идешь и идешь
И просто хорошо, хорошо

Весь Манхэттен обошел
Побывал и в Бронксе (Южном и Северном)
И в Бруклине, и в Квинсе
Но это все, конечно
Немного не то
Все-таки, Нью-Йорк
Это Манхэттен

Да, как-то полюбился Нью-Йорк
Очень полюбился Нью-Йорк
Иногда, под воздействием алкоголя
Откроешь карты-гугл
Откроешь их панорамы
И бродишь, и бродишь

Или послушаешь спьяну
Песню группы Pogues
Fairytale of New York
И, извините за выражение
Слезы наворачиваются на глаза

Но вот что интересно
Когда возвращаешься в Москву
Прилетаешь в Шереметьево
Садишься в Аэроэкспресс наш родной
Красненький
Едешь в Москву
Мимо диковатых наших пригородов
Мимо диковатых наших московских окраин
Приезжаешь на Белорусский вокзал
И едешь в такси через всю Москву
То не ощущаешь, что оказался
В какой-то жопе мира
Нет, просто перелетел
Из одной мировой столицы
В другую
Более того
Когда из Европы прилетаешь в Москву
Ощущаешь некоторую разницу
(В пользу Москвы)
А когда из Нью-Йорка —
То нет, не ощущаешь разницы особой

Есть такое явление —
Города-побратимы
Странное явление
Странное вообще слово — побратимы
Но два города
Вполне могли бы быть
Городами-побратимами
Но нет, место занято Вашингтоном
Никогда не был там
Но абсолютно уверен
Что у Вашингтона нет ничего общего
С Москвой
А Москва и Нью-Йорк — это практически
Одно целое, одно и то же

Судьбы стран
Складываются непредсказуемо
Вдруг Мировое Правительство
(Если оно есть)
Решит, что больше
Нет надобности в Америке
В этой прекрасной стране
Слишком она прекрасна
Слишком прекрасен
Населяющий ее народ
Не нужно этой прекрасности
И тогда Америки не будет
И люди, ее посещавшие
Будут вспоминать
Какая она была
Прекрасная, могущественная
Красивая, великая
И ужасная, конечно, тоже
Но все же, все же
Красивая, великая

России, скорее всего
К тому времени тоже не будет

Так вот, остается надеяться
Что останутся к тому времени
Вернее, после этого времени
Москва и Нью-Йорк
Два самых близких в мире
Самых похожих друг на друга
Города
И будут перемигиваться
Обмениваться сигналами
Хай, Москва
Привет, Нью-Йорк
Как слышите, прием, прием
И можно будет сесть в самолет
И после утомительных десяти часов
Увидеть на экране, что
Заканчивается длинный остров
Лонг-Айленд
Увидеть на экране

Что мы уже слишком углубились
Вглубь Восточно-Европейской равнины
И самолет заложит вираж над океаном
Вдали покажутся небоскребы Манхэттена
Самолет заложит вираж
Вдали покажется город Лобня
И внизу покажется
Маленький красненький
Аэроэкспресс
И самолет будет лететь
Над самой, самой водой
И в последний момент
Под его крыльями появится
Взлетно-посадочная полоса
Аэропорта имени
Джона Кеннеди
И самолет приземлится
И самолет будет лететь
Над дачными поселками
И высота станет совсем небольшой
И под крыльями самолета
Покажется, как всегда, внезапно
Взлетно-посадочная полоса
Аэропорта Шереметьево

Боже, храни
По возможности все
Но если все нельзя
Сохрани, если можно
Два этих города
Похожих друг на друга
Ну хотя бы
На некоторое время.

## Новгород

Зря его переименовали в Великий
Он и так был Великим
Без всякого переименования

Сложны взаимоотношения
С этим городом
Непросты
Но нельзя сказать
Что плохи
Нет, они хороши
Вроде бы
Хотя, никогда не знаешь
Что думает про тебя
Этот город

Приехал в Новгород
По одному делу
Дело было сделано
Принимающая сторона
Устроила экскурсию
По городу Новгороду
И в какой-то момент
Когда мы были на мосту
Через Волхов
От Кремля на Торговую сторону
Пешеходный мост
Принимающая сторона
Сказала с усмешкой
Что, мол, вот, новгородцы
Бросали неугодных им людей
Вон туда, в Волхов
Посмотрел на Волхов
Река вроде небольшая
Но какая-то очень суровая
Не хотелось бы быть уроненным
В эту небольшую реку
Какая-то она такая
Внушающая трепет
Если в какую-нибудь
Другую реку

Бросить человека
То он из нее выплывет
А если в Волхов
То, пожалуй, и нет
И непонятно, в чем
Эта его суровость
Вроде, если просто посмотреть
Обычная река
Но если не просто посмотреть
А присмотреться
Приглядеться, вглядеться
То как-то начнешь понимать
Что это не совсем
Обычная река
Скажем так, мягко
Мягко говоря
Не совсем обычная
Река — Волхов

И город — прекрасный город
Но не такой, которым можно
Просто так восхититься
Типа — о, прекрасность
Нет, тут не так
Если кто-то будет
Без должного уважения
Смотреть на Новгородскую
Софию
И если он войдет
С легкими, посторонними мыслями
В этот великий храм
И если он будет блуждать в нем
Просто так, и не окажет
Должного почтения
Иконе Богородицы Знамение
Ну и вообще будет вести себя
Расслабленно, как турист
Как тупой, ничего не понимающий
Турист
Без благоговения
И сосредоточенности
То — неизвестно, что будет

Скорее всего
Ничего не будет
Господь милостив
Но вообще-то
Не надо демонстрировать
Свое легкое, легкомысленное отношение
К этой иконе, этому храму
И этому городу
Ну так, на всякий случай

Вы, демонстрирующие
Свое неуважительное отношение
К этому городу
К этому храму
И к этой иконе
Просто не понимаете
И не чувствуете
Всей серьезности
Происходящего с вами
А зря

А так, вообще-то
Город вроде обычный
Приятные дома в центре
Построенные вместо
Разрушенных в войну домов
Городской вал
Существующий уже тысячу лет
Новые районы
Советские и постсоветские
Красивый, в древнерусском стиле
Вокзал
Все такое нормальное
Вроде, обычный
Областной центр

Но если вы побываете в этом
Обычном областном центре
И ничего особенного
Не почувствуете
Значит, вы
Просто тупой деревянный чурбан

Ничего не понимающий
В городах
И в жизни вообще
Ну, такое бывает
Такое бывает в большинстве случаев
И все же
Хотелось бы надеяться
Что есть и меньшинство
Которое понимает
Что это за город
Что это за река
И чем грозит
Непочтение
К упомянутым
Городу, реке, храму и иконе

Встретил в Новгороде
Прекрасную женщину
И предложил ей
Выйти за меня замуж
И она, вот удивительное дело
Согласилась
И вот мы живем много лет уже
В Москве
Москва еще раз
Победила Новгород
Можно и так сказать

Но каждый раз
Когда я приезжаю в Новгород
Я понимаю, что этот город
Не победить
Он какой-то отдельный, особенный
И когда ты стоишь
На пешеходном мосту
Через Волхов
И смотришь в сторону Ильменя
То как-то дух захватывает
И ты понимаешь
Что он больше тебя
Но он не против
Чтобы твоя жизнь
Продолжалась так, как есть

Мы с ним как-то примирились
С Новгородом
Он позволяет мне
Гулять по нему
Фотографировать его
(Удалось сделать даже
Штук шесть удачных фотографий)
И я его полюбил
Он меня терпит
А я его полюбил
Вот такие отношения

Какие-то, может быть
Нужно еще сказать слова
Или никаких не нужно
Говорить больше слов

Нет, наверное, ничего больше не надо
Мы с Новгородом
Наверное, уже обо всем
Договорились
Сказали друг другу
Все необходимые слова
Он мне позволяет гулять
По своим улицам
Как же приятно
Гулять по улицам
Расположенным в районе
Между улицей Газон
(И собственно Кремлем)
И городским валом
Такие приятные, тихие улицы
Какие-то такие петербургские
Немного
Особенно осенью
Они совершенно прекрасны

В общем, мы с Новгородом договорились
Он мне позволяет
Время от времени
Гулять по своим улицам
И позволил мне

(Ну а куда же ему деться)
Увезти из города
То есть, из него
Прекрасную жену

А взамен получил воспевание
Вполне искреннее
Потому что
Не припомню города
Который произвел бы на меня
Такое же сильное впечатление
Мощный ты, Новгород
Красивый ты, Новгород
Древний ты, Новгород
И это, наверное, некоторая фамильярность
Но все-таки, надо тебе это сказать
Новгород
Да, в общем
Ну, ты понимаешь
Что я тебе хочу сказать.

## Мир рушится

С марта этого года
Появилось ощущение
Что мир рушится
Не то что бы прямо вот рушится
Скорее как-то сползает
Куда-то вниз
Если разморозить подземелья
Главного здания МГУ
То главное здание МГУ
Медленно, вернее, быстро
Сползет в Москву-реку
И будет нехорошо
Так вот и это ощущение
Все медленно сползает
В реку, в котлован
Дело не в падении
Курса рубля
И не в падении
Цены на нефть
В 2008-м
Цена на нефть
Упала до 39 долларов
За эту, как ее
За бочку
Дело совершенно не в этом
Просто смотришь из окна
На землю, на дома, на небо
И понимаешь, что мир рушится
И, кстати, если вы подумали
Что это как-то связано с Крымом
Нет, это не связано с Крымом
Подумаешь, Крым
Просто какие-то ветры
В марте подули
Какие-то злые ветры
Все это неважно
Крым, курсы валют
Помню, вышел из больницы
Влажный ветер, жижа какая-то
Под ногами

Влажный ветер дует
И навевает
Запах какой-то невидимой
Неощущаемой
Катастрофы

Потом как-то
Полегче стало
Привычка, наверное
Начался футбольный сезон
Динамо стало играть свои матчи
Появилась какая-то работа
И стало как-то обычно, привычно
Но все равно, все равно
Никуда не уходит
Ощущение невидимой катастрофы
Как будто смотришь на дом
И с него медленно сползает
Штукатурка, краска с оконных рам
Сами рамы выковыриваются из окон
Все сползает вниз
И рушится

Дай Бог, чтобы это
Было всего лишь
Причудой так называемого
Творческого человека
Мало ли что привидится
Так называемому творческому человеку
Может, оно все и ничего
И все оно как-нибудь обойдется
И как-то нас пронесет
И это ощущение
Что мир рушится
Окажется просто ощущением
Вздорного дурака
Сочинителя некоторых текстов.

**Даниил Хармс**

Я люблю вас
Даниил Хармс
Очень люблю вас
Даниил Хармс
Понимаю
Что надо с Вами на вы
Мы же не знакомы
Ну так будем с Вами на вы
Собственно, сказать Вам особо нечего
Спасибо Вам за стихотворение
Выходит Мария, отвесив поклон
И
За вот это вот
Из дома вышел человек
И еще вот за это
Постоянство веселья и грязи
Вода в реке журчит, прохладна
И тень от гор ложится в поле
И гаснет в небе свет, и птицы
Уже летают в сновиденьях
И за это вот
Скрепив очки простой веревкой
Седой старик читает книгу
Горит свеча, и мглистый воздух
В страницах ветром шелестит
И вот за это вот
Однажды один человек, чувствуя голод
Сидел за столом и ел котлеты
И особенно вот за это
Памяти разорвав струю
Ты глядишь кругом, гордостью сокрушив лицо
Это, Даниил Иванович
Ваше самое великое стихотворение
Которое заканчивается словами
Меркнет гордостью сокрушенное выражение лица твоего,
Исчезает память твоя и желание твое — трр
Даниил Иванович
Даниил Иванович
Хочется к Вам обратиться
А не с чем, не с чем

Хотя, почему не с чем
Даниил Иванович
Если вдруг
Будете
Стоять у Престола Божия
Почему-то кажется, что будете
Как-то нет в этом особого сомнения
Предстоять будете пред Богом
Замолвите за меня некое слово
Не хочу сказать «словечко»
Просто некое слово
Если можно
Даниил Иванович
Даниил Иванович
Даниил Иванович

## Я делаю вам предложение

Это, вообще-то
Очень странное выражение
Я делаю вам предложение
Над ним надо подумать
Что вообще это значит
Предложение
Что такое предложение
Ну ладно, давайте
Разберем для начала
Самые простые ситуации
Самая первая ассоциация
(А, кстати, почему, почему)
Это предложение вступить в брак
Типа, Элеонора, я делаю Вам
Предложение
Конечно, с большой буквы
Или Феодора, я делаю Вам
Предложение
И тоже с большой буквы
Такое Предложение
Сделал однажды
Император Юстиниан
И это было одно из самых
Удачных Предложений
В мировой истории
Или, проще
Ирина Николаевна
Выходите за меня замуж
Или Софья Петровна
Выходите за меня замуж
Или Марина Сергеевна
Выходите за меня замуж
И другие предложения
Был большой соблазн
Подставить сюда
Имена и отчества
Реальных людей
Реальных женщин
Но не надо
Они и так

Вышли уже за меня
Замуж
Или не вышли
И не выйдут
Что уж теперь

Но мы продолжаем
Тему предложения
Как феномена
Предложение бывает и другим
Ну, например
Эдуард, мы вам предлагаем
Работу
Делать особо
Ничего не надо
Иногда надо подписывать
Некоторые документы
Никакого риска
Зарплата, ну не знаю
Ну, какая хотите
В разумных пределах, конечно
Ну, какую хотите
Пятьсот тысяч в месяц
Ну, в общем, нормально
Да, вполне
Еще бонусы будут
По итогам года
И премии еще вам нарисуем
Ежеквартальные
Да ничего не надо
Ответственности никакой
Ну просто вот так получилось
Нормально все, пользуйтесь
Вы же понимаете
Ну бывают такие вот ситуации
Ну не рефлексируйте
Давайте будем радоваться
Радоваться и веселиться

Это ведь хорошее предложение
Не каждый день такое выпадает
Радоваться надо
Радоваться и веселиться

Ну или еще такое предложение
Николай Сергеевич
Такое есть дело
В общем, принято решение
Что вы идете третьим номером
В нашем предвыборном списке
Ну вы, надеюсь, все понимаете
И дальше идет разговор
Совершенно нам недоступный
Дальше уже работают жвала
Челюсти все эти
Мы этого не знаем
Слава Богу
И Николай Сергеевич
Засасывается
В пережевывающую машину
Медленно
Сначала голова
Потом туловище
В белой рубашке
Галстук тоже уминается туда
Потом нижняя часть тела
Ну, брюки, ботинки там
И все, процесс окончен
И это даже не значит
Что Николая Сергеевича
Теперь можно считать
Депутатом чего-то там
Нет, нельзя
Николая Сергеевича
Больше нет

Странно, да
Очень странно

Ну а что
Такая вот удивительная, странная жизнь

А мне больше всего нравится
Идея делания предложений
Просто из слов
Ну как примерно из бревен
Или из кирпичей

Или из бетонных блоков
Делать предложения
Делать предложения
Делать предложения
Делать предложения
Ну, например
Николай пришел
Или Петер ушел
Или, допустим, Сантьяго упал
Или, ну, например
Ференц умер
Или, допустим
Дьёрдь офигел
Бывает ведь,
Что Дьёрдь офигевает
И Ференц иногда
Умирает
Это как у Витгенштейна
Мир состоит
Из атомарных фактов
А язык —
Из атомарных предложений
Дмитрий пришел
Николай ушел
Франц-Йозеф присел
Людвиг сидел в окопе

Людвиг, я хочу сделать вам
Предложение
Вот сейчас подумаю
Людвиг, какое бы
Сделать мне вам
Предложение
Это трудная задача
Ну, допустим
Просто вот так вот
Думаю, вы оцените
Ну, например

Я есть

17 февраля 2015 года

## Жизнелюбие

Не очень это приятное качество —
Жизнелюбие
Обычно это предполагает
Повышенный интерес
К еде, напиткам
Сексуальной сфере
Развлечениям
И так далее
Ну вот, например
Французы жизнелюбы
Или итальянцы
Или румыны
Или чехи
Надо ли дальше перечислять
Какая разница
Но есть другая разновидность
Жизнелюбия
То есть, любовь
К самой жизни
Или Жизни
Тут как угодно
Не к ее удовольствиям
А просто к ней самой
К любым ее проявлениям
Есть, конечно
Особо отвратительные
Проявления Жизни
Но мы сейчас о них
Говорить не будем.

Посмотрел на себя
И обнаружил в себе
Повышенное жизнелюбие
Нет, еда меня
Особо не интересует
Напитки интересуют, да
Но в очень узком диапазоне
О сексуальной сфере умолчим
Из соображений личной скромности
Развлечения — ну разве что

Футбол в рамках проекта
Написания книги
О футболе
К тому же
Футбол — это не развлечение
А война
А так нет

Но сама по себе жизнь
Наблюдение ее протекания
Занимает очень сильно
И некоторые люди
Не все, но некоторые
Многие
Очень радуют меня

Я не очень представляю
Как я буду без этих людей
И я не очень представляю
Как я буду без всех этих реалий
Без Москвы, например
Без Мадрида, например
Без Нью-Йорка, например
Без Иерусалима, например
Без Петербурга, например
Без Роттердама, например

Я не очень представляю себе жизнь
Без многих людей
Сейчас хотел их всех здесь перечислить
Например, по именам и отчествам
И каждый узнал бы себя
Но нет, это не нужно
Надеюсь, каждый поймет
Идет ли о нем речь
Или не идет
Я думаю, будет
Безошибочная выборка
Вы все знаете
Есть ли вы в этом списке
Ошибок тут быть не может

И когда просто едешь, например, по Москве
На автобусе 772к
Или, не знаю
На метро между станциями
«Текстильщики» и «Волгоградский проспект»
То накатывает оглушительное ощущение
Восторга и ужаса перед Реальностью
И оно постоянно накатывает
В самых разных местах
И ситуациях
Этот дикий восторг
И дикий ужас
Перед Реальностью

И вот еще что очень страшно
Считается, что в первые три дня
После смерти
Душе позволено
Посетить любимые при жизни места
Это же с ума сойти можно
Что же выбрать
Есть очень много любимых мест
Но это ладно
А вот каково осознавать
Что видишь эти места
В последний раз
И, наверное, любимых людей
Тоже можно видеть
Видеть, как они реагируют
На твою смерть
Вообще, можно носиться над миром
Прощаясь с ним
Трудно прощаться с миром

По идее, жизнелюбие надо побеждать
Но на практике оно все разрастается
Все нарастает и нарастает
Это вот ощущение
Восторга и ужаса
Перед Жизнью
Годы идут, а оно
Все нарастает

В тридцать лет
Совсем этого не было
В тридцать пять
Появились какие-то намеки
В тридцать семь
Уже как-то ощутилось
А в сорок уже накатило
По полной
И нарастает, нарастает
С каждым годом

Не любите мира
И того, что в мире
Сказано нам
Но очень трудно
Этому следовать
Как не любить
Это вот все
Когда приезжаешь
На суперсовременном трамвае
От иерусалимской
Автобусной станции
К стенам Старого города
Выходишь из трамвая
Видишь эти стены
И понимаешь
Что надо подойти к стене
И поцеловать ее
И подходишь
И целуешь
И стоишь, как дурак
Приникнув к стене
Или когда летишь ночью
Например, в Красноярск
Самолет летит рядом с Москвой
Вдоль северной ее границы
И в иллюминатор видно
Это прекрасное море огней
Бескрайнее, бесконечное
Уходящее за горизонт
Море огней, пересекаемое
Четкими линиями

Шоссе, проспектов, улиц
Можно башку себе расшибить
Об иллюминатор
Или просто о стенку
От восторга
И — да, от какого-то ужаса
Или когда смотришь
С крыши жилого дома
На 96-й Ист стрит
Тоже ночью
На ночной город
Когда можно
Часами стоять
Думаю, тут подробности
Уже не нужны

Не очень понятно
Как это все не любить
Вернее, понятно
Это возможно
Только если всерьез полюбить
Что-то, вернее, Кого-то
Бесконечно большее
Большего
Но это уже не во власти
Человека
Это уже такой вопрос
Который трудно обсуждать

Есть, конечно
Другой способ
Не любить этот мир
От юности своея
Или с более или менее
Взрослого возраста
Надеть на себя
Серьезное серое лицо
И относиться ко всему окружающему
Как к чему-то привычному
Неинтересному
Известному
Понятному

Кто понял жизнь
Как говорится
Тот не спешит
Ну вот в таком духе

Но мы так делать не будем

Этот текст, кажется
Слишком уже затянулся
И надо его заканчивать

Я бросаю взгляд
На бесконечную гряду домов
Микрорайона Некрасовка
На колоссальный массив домов
Города Люберцы
И заканчиваю этот текст.

*21 февраля 2015 года*

## Переключатель

Считается, что человек
Должен оставить после себя
Какой-то след
Что-то оставить после себя
Человек умер
Но от него осталось что-то
Остался какой-то след
И человек как бы продолжает
Жить в виде этого следа
А если не оставил после себя
Никакого следа
То плохо, плохо.
А если оставил
То хорошо, хорошо

Например, человек
Оставил по себе память
Люди помнят о человеке
Память о нем
Осталась в их сердцах
Навсегда
Люди помнят
Каким он был
Непроходимым, безнадежным идиотом
Как он был фантастически, вычурно
Бездарен
Насколько анекдотически
Он был некрасив
Скольким людям
Он испортил жизнь
Вернее, нет, не так
Люди помнят
Что он был настолько ничтожен
Что даже не сумел испортить жизнь
Ни одному человеку
Люди помнят о человеке
И он как бы продолжает жить
В их памяти
Глупый, бездарный
Уродливый, ничтожный

Хорошо, когда люди
Помнят о человеке

Или, допустим
Человек что-нибудь сделал
И оно, это сделанное им
Осталось после него
Например, человек написал книгу
Вернее, он написал
Массив букв
От руки, или на печатной машинке
Или набрал в компьютере
При помощи программы
Майкрософт Ворд
А потом другие люди
Все это дело сверстали
Отпечатали в типографии
И получилась книга
Небольшой параллелепипед
Составленный из аккуратно нарезанных
Листов бумаги
В мягкой или твердой обложке
Какая разница
Книга валяется где-нибудь
На какой-нибудь полке
У кого-нибудь дома
Или стоит в туалете у стенки
Кто-то случайно купил книгу
Или получил в подарок
Взял с собой в туалет
Прочитал три страницы
И поставил к стенке
Рассказывал человек
Живший на одной лестничной клетке
С одним очень известным поэтом
У мусоропровода постоянно росла
Стопка книг, под обложками которых
Было написано
Дорогой <имя, отчество>
С радостью дарю Вам
Мою книгу
И подпись

Или <имя, фамилия в дательном падеже>
С уважением
И подпись
Стопка росла, росла
А потом исчезала
Наверное, уборщица
Выбрасывала все это
В мусоропровод
И начинала расти
Новая стопка
Книга валяется на полке
Книга стоит у стенки в туалете
Книга лежит рядом с мусоропроводом
Книга летит в мусоропровод
Еще книга лежит
В библиотеке им. Ленина
Там все книги лежат
Так положено

А, да, совсем забыл
Еще от человека остается
Физическое тело
В виде дара земле, природе
Физическое тело
Помещается в землю
И начинается процесс разложения
В процессе активно участвуют
Разные неприятные формы жизни
Наконец, процесс окончен
Остается только костный каркас
И обрывки истлевшей одежды
А потом на месте кладбища
Начинают что-нибудь строить
Жилой комплекс
Или торгово-развлекательный центр
Или завод железобетонных изделий
Или атомную электростанцию
Экскаватор своим ковшом
Выковыривает физическое тело человека
Из земли
И выкидывает на<нецензурное слово>
Череп человека еще некоторое время

Валяется на земле
А потом тот же самый экскаватор
Переезжает его своими гусеницами

Или по-другому делают
Врубают дикий, адский огонь
Тысяча градусов
Против такого огня
Не может устоять
Даже самое сырое, влажное
Физическое тело
И оно очень быстро
Превращается в некоторое количество
Пепла
Небольшое, помещающееся
В нелепый, унылый сосуд
И тут можно вспомнить
Прекрасный фильм «Шультес»
Герою которого выдали
Урну с прахом его матери
И он не придумал ничего лучшего
Чем открыть урну
И понюхать ее содержимое

Тут можно возразить
Ну а как же
Ну вот ведь были
Разные великие люди
От которых осталась масса всего
Великое, так сказать, наследие
Полководцы, основатели империй
Ученые, изобретатели
Мореплаватели
И, конечно, выдающиеся люди
Творческих профессий

Нет, нет
Конечно, нет никаких полководцев
И основателей империй
Вы видели полководцев?
Видели основателей империй?
Вот в том-то и дело.

Их нет. Может быть, были когда-то
Но какое это теперь
Имеет значение
Правда, приходилось
Видеть некоторое количество
Выдающихся людей творческих профессий
Но проблема в том
Что от этих выдающихся людей
Останутся только скучные
Никому не нужные
Всеми забытые книги
Уныло стоящие у стенки в туалете
Лежащие в стопке таких же книг
У мусоропровода
И еще воспоминания
Какими эти выдающиеся люди
Были законченными идиотами
Подлецами, ничтожествами

Ну, в общем

И вот тут щелкает некий переключатель
И как-то отпускает
Отпускает, и становится ничего так, нормально
Просто что-то вдруг накатило такое
Вертелась в голове фраза Введенского
Неприятно и нелегко умирать
И возникла вот эта масса
Бессвязных, в сущности, мыслей
Ненужных, по сути, мыслей
И, извините за выражение, образов
Ну какая разница
Кто там что после себя оставил
Или оставит
Надо ведь как-то жить
А умирать-то еще рановато
И — да, становится как-то нормально
Нормально так, ничего, ничего
Можно жить, можно жить
В конце концов, иногда светит Солнце
Происходят время от времени
Встречи с интересными людьми

Появилась перспектива неплохого заработка
Замаячила впереди интересная поездка
Сочиняются какие-то тексты
Вроде даже и неплохие
По улице Дмитриевского
И по Косинскому шоссе
Едет частный и общественный транспорт
Можно пойти на какой-нибудь
Литературный вечер
Послушать стихи, там
Или, допустим, прозу
Почитать интересную книгу
Или вот можно посмотреть футбол
Много есть всякого интересного футбола
Реал — Барселона
Селтик — Глазго Рейнджерс
Бока Хуниорс — Ривер Плейт
Рома — Лацио
Партизан — Црвена Звезда
Да хоть бы даже и
Рапид — Аустрия
Или, например, Стяуа — Динамо Бухарест
Да пусть даже и Динамо — Зенит какое-нибудь
Это ведь интересно
Это ведь очень, очень интересно

В общем, всегда срабатывает
Этот переключатель
Потому что надо, надо, надо, надо
Глупо звучит, но — да, жить
Надо жить, и спасительный переключатель
Скрывает от человека истинное положение вещей
И человеку начинает опять казаться
Что вроде бы у него все ничего
Все не так уж и плохо
Особенно по сравнению с тем
Как могло бы быть

И человек может совсем осмелеть
Вконец потерять страх
И сказать нечто очень странное
Нечто совершенно невозможное

В положении существа
Которое скоро умрет
И после которого останутся
Только неловкие, стыдные воспоминания
Корявые плоды его неумелых, неумных трудов
И разлагающееся физическое тело
Сказать что-нибудь такое
Ну, например
У меня все нормально

*4 марта 2015 года*

**Ода на невыход сборной России в 1/8 финала
чемпионата мира 2014 года**

Какие-то вы, ребята
Неудачливые, неудачные
Какие-то вы, ребята
Туповатые, безнадежные
Бессмысленные какие-то вы
Какие-то вы беспорядочно бегающие
Какие-то вы, знаете, неприглядно выглядящие
Какие-то вы вроде и умелые
А как до дела дойдет — не умеющие
Вот как был когда-то такой —
Человек умелый
А толку-то, что он был умелый
Нету его, и царствует теперь
Человек разумный
Так вот и вы
Умелые, в общем-то, ребята
Но, видимо, не разумные
Или другие какие-то причины есть
Какие-то вы неуверенные
Не могущие взять нити игры
Как говорится
В свои руки
Какие-то вы несмелые, дрожащие
В играх с разными там
Северными Ирландиями
И Алжирами
Со Словениями всякими
И Южными Кореями
Это наследственное, конечно
Раньше тоже была дрожь
Но это была дрожь
Перед Бразилией, Германией
Италией и так далее
А теперь это дрожь
Перед Алжиром, йооо
Перед Алжиром, йооо
И перед Южной Кореей
Чуть не написал перед Северной
Какие-то вы, ребята

Неспособные ни к чему
Ни к бетонной обороне
Ни к яростной, сметающей все на своем пути
Атаке
Хоть к чему-то надо быть способными
А вы нет
Увы вам, увы
Какие-то вы, ребята
Ничего не умеющие
Позиционные атаки в вашем исполнении
Безнадежны
Атаки сходу, в общем-то
Тоже
Стандартные положения
Безнадежны
Только разве что пенальти
Но их вам, в основном, не дают
Безнадежны вы, безнадежны
Никакие вы какие-то, ребята
Никакие какие-то вы
А посмотришь на вас
Когда играют гимн
Такие вроде хорошие, пригожие
Акинфеев один чего стоит
Все поют, а он не поет
Стоит, трагически опустив голову
И трагически закрыв глаза
Это лучшее впечатление
От всей игры
Россия — Алжир
Один один
Теперь мы вылетели
Вернее, вы вылетели
А мы вылетели вместе с вами
И вы поедете домой
Пройдет еще месяц
Кто-то станет чемпионом мира
Бразилия, наверное
Или Германия
Хорошо бы Голландия
Надо бы им, по выслуге лет
Сколько уже можно

Выходить в финал и не становиться
Чемпионами
Сядем теперь у телевизора
Скучно подопрем ладонью лицо
И будем переживать
За Голландию
Прекраснейшую страну
Моря, ветра
Красивых городов и соборов
Хороших людей
Правда, очень хороших
И будем делать вид
Что мы действительно переживаем
Мы бы лучше за вас переживали
Но вы такие, ребята
Какие-то неумелые и нелепые
Невезучие какие-то, неспособные
И наступит новый сезон

В новом сезоне у меня лично будет
О-хо-хо-хо-хо-хо-хо
Будет у меня Динамо наше родное
Болеть за сборную России —
Это примерно то же самое
Что болеть за Динамо
Такое же безнадежное занятие
Но за Динамо болеть интереснее
Динамо — это такие злобные клоуны
Которые тебе за сезон
Нанесут столько вычурных, высокоискусственных ран
Что останешься даже как-то и доволен
Они умеют так утонченно издеваться
Над своими болельщиками
Что никто с ними в этом не сравнится
А вы, ребята
Я имею в виду сборную России
Издеваетесь не утонченно
А просто так
Взять и не выиграть у Алжира
Тупо так, просто
Взять и не выиграть
Просто вот так

И нет у вас, ребята
В отличие от Динамо
Славного прошлого
Нельзя же считать славным прошлым
Победу в самом первом чемпионате Европы
В котором далеко не все
Сильные команды участвовали
На пределе сил
Выиграли у Югославии
Вот и все славное прошлое
Были еще, конечно, и финалы
Чемпионатов Европы
И полуфинал
Чемпионата мира
Но все это, если честно
Не очень серьезно
Сейчас, с высоты
Прожитых лет
Так что, когда болеешь за Динамо
Там хотя бы как-то приятно давит
Весь этот груз прошлых великих побед
Яшин Яшин Яшин Яшин Яшин
А когда смотришь на вас, ребята
Понимаешь, что это провал
Это провал
Это провал
Это провал
Это очередной провал

И в этом месте хотелось бы сказать
Идите вы <...>
Идите вы <...>
Идите вы <...>
Идите вы <...>
И перестать на вас обращать внимание
И перестать за вас болеть
Начать болеть, например
За, ну не знаю кого
А, кстати, действительно, за кого
Не за кого
В общем, послать вас
И полностью игнорировать

Но нет, мы не будем
Вас игнорировать
Сейчас начнется
Отборочный турнир
Чемпионата Европы
Там у нас тоже очень легкая группа
Видите, я уже говорю у нас
А не у вас
Ну да, ну да
У нас с вами будет
Очень слабая группа
И мы с вами обязательно
Выйдем в финальную часть
Чемпионата Европы
И вы там опять провалитесь
В своих красивых бордовых футболках
Футболки, кстати
У вас красивые
Сохраните их
Пусть будет хоть что-то
Хорошее

В общем, мы от вас
Никуда не денемся
Как и вы от нас
Это уже судьба
Это уже навсегда
Если уж начал болеть
То что уж теперь

А сейчас — да, трудный момент
Некоторые могут сказать
Плюнули вы нам в душу
Но я не соглашусь
Слабо вам плюнуть нам в душу
До души далеко
Хотя, конечно, спорный вопрос
Вы нам просто плюнули в рожу
Ничего, ничего
Первый раз, что ли
Идем до ближайшего умывальника
Умываемся, и смотрим в светлое (темное)

Завтра
Мы же не бразильцы
Это они устраивают волну суицида
После достижения результатов
Которые мы считали бы
Легендарными успехами
Например, второе место
На чемпионате мира
Мы радовались бы, ликовали
А они выбрасывались из окон
В 1950 году
Нет, мы не будем выбрасываться

Мы будем терпеть
Это их путь — выбрасываться из окон
И по-другому кончать с собой
А наш путь — терпеть

И мы будем терпеть

## Реал Бетис

У футбольного клуба
Реал Бетис
Из города Севилья
Отличный гимн

Бетис, Бетис
Бетис, Бетис

Они произносят
Римское название
Этой реки
Как Бети

Бети, Бети
Бети, Бети

Аора Бети, аора
Но дехес де атакар
И прочия безумныя глаголы

Дикость, конечно
Как и все прочие
Футбольные гимны
Вот, например
Гимн мадридского Реала
Это же вообще ужас
Хотя, конечно, люблю
Люблю, люблю
Очень люблю
Де лас глориас депортивас
Ке кампеан пор Эспанья

Но там, в гимне Бетиса
Есть хорошие слова
Лус эн ла маньяна
И эн ла ноче кехио и кьебро
То есть, луч утром
И в ночи...
Далее не очень понятно
Что такое кехио

А кьебро —
Это что-то типа ворочаться
То есть
Луч света утром
И то, что заставляет
Ворочаться во сне
Как-то так, похоже

Какая-то дикая глупость
Просыпаться с именем футбольного клуба
И с ним же засыпать
И ворочаться во сне
С ним же
С другой стороны
Счастлив и даже блажен
Человек
Которому есть с чем
Засыпать и просыпаться
И ворочаться во сне
Пусть даже это всего лишь
Название футбольного клуба
Даже закрадывается такая мысль
Что неважно, неважно
Какая, мол, разница
Но все же разница есть

Человек, засыпающий и просыпающийся
С Именем Бога на устах
Имеет некоторое преимущество
Перед человеком
Просыпающимся и засыпающим
С именем футбольного клуба на устах
Тем более такого
Будем прямо говорить
Убогого клуба
Как Бетис
Который был чемпионом Испании
Единственный раз
В далеком 1935 году
Правда, Кубок Испании выигрывал
В 2005 году
Ну, это дело такое
С кем не бывает

И все же
Если человек
По каким-то причинам
(Понятно, по каким)
Не может постоянно
Держать в своем уме
Имя Божие
То хорошо, наверное
Как-то симпатично, что ли
Что он засыпает и просыпается
С именем футбольного клуба
Ну хотя бы так
Это лучше
Чем убогое, унылое
Засыпание и просыпание
Вообще ни с чем
С влажными, тупыми мыслями
О предстоящем влажном дне
И о прошедшем унылом, влажном дне
В предстоянии перед этими
Унылыми и жалкими днями
Лучше уж засыпать и просыпаться
Со словом Бети
Например
Страдать от поражения
Надеяться на победу
Это хоть что-то
Это лучше
Чем зияющая эмоциональная пустота
Наверное

Бети, Бети
Бети, Бети
Аора, Бети, аора
Но дехес де атакар
Аора, Бети, аора
Порке эль гол йа ва льегар

## Россия любит Сербию

Это сложный вопрос
Какой же это сложный вопрос
Любит ли Россия Сербию
Так-то оно конечно, да
Любит
Легко любить просто так
Любить так просто
Петь гимн Сербии
На спортивных соревнованиях
Боже правде
Ты што спасе
Од напасте досад нас
И так далее

А на самом деле
Нам все равно
Хей, хей
Нам все равно

Если опросить
Население России
То выяснится
Что все равно, все равно
Какая-то там Сербия
Нам бы самим как-то выжить
Как-то бы выжить нам самим

А с другой стороны
Если как-то по-другому
Опросить население России
Кто вам ближе
Население Эквадора, Сальвадора
Бутана или Сербии
То все скажут: Сербии
Потому что родные они
Вроде родные они
Сербы-то
Родные, родные
Родные они

И нужно признать очевидное
Что сербы — родные

Гудит в голове
Ууууу, гудит в голове
Но надо, надо написать
Стихотворение про сербов
И про Сербию

Помогает сербский поэт
Горан Лазович
У него прекрасные стихи
И он, когда мы с ним общались
Называл меня братом
Говорил, брат мой
И мы обнимались
И, обнимаясь,
Мы имели в виду,
Что он сербский поэт
А я, ну, как бы это сказать
Русский поэт и писатель
И что мы обнимаемся
Как русский и серб
Или как серб и русский

Я с тех пор очень полюбил
Горана Лазовича
Прекрасный человек
Отличный парень
Видный такой, высокий
У него есть
Прекрасное стихотворение
Я сейчас не помню точно
Про американского полковника
Который бомбил Сербию
А потом он умер
В смысле, покончил с собой
Потому что трудно ему было
Жить вот с этим всем
Он покончил с собой
И перед этим
Ему снились сербские дети

На самом деле, сербские дети
Ему не снились
Думаю, ему не снилось ничего
Только мрак какой-нибудь
И темный ужас
А в стихотворении
Горана Лазовича
Было так
Американскому полковнику
Приснились сербские дети
И они кричали весело американскому полковнику
Господин полковник
Вам купить мороженое

Да, вот такое стихотворение
Господин полковник
Вам купить мороженое
Вам купить мороженое
Господин полковник

У Горана Лазовича
Есть много других стихотворений
Разных, разных
В том числе про любовь
Они какие-то леденящие
Судорожные какие-то
Какие-то мрачные
А ведь, вроде бы
О любви

Я вспомнил Горана Лазовича
С которым мы были
На Байкале
Высокий и стройный парень
Все время меня называл «брат»
И я его тоже называл «брат»
Сербский мой брат, так сказать
Но как-бы по-нашему, по-русски
С нашим русским цинизмом
С нашим всеразъедающим русским цинизмом
Когда называешь человека братом
А сам думаешь — <...>

Это наш старый русский цинизм
Нас научила этому
Старая, дремучая
Советская власть
И наша древняя, в общем-то
Российская Империя

Но когда я называл братом
Горана Лазовича
В этом не было цинизма
И если какой-нибудь
Другой серб
Подойдет ко мне
И обнимет
И я его обниму
В этом не будет цинизма
Мы, так или иначе, любим сербов
Горан, дорогой, мы еще ведь с тобой увидимся
Обнимемся, и скажем друг другу
Здравствуй, брат
Здравствуй, брат.

## Черная Волга

У питерской группы Сплин
Есть много хороших песен
Одна из них — Черная Волга
Это песня про машину
Издалека долго
Ехала черная Волга
Была такая машина
ГАЗ-24
И ГАЗ-2410
У меня когда-то
Была такая
Белая
И еще была
Более старая Волга
ГАЗ-21
Но почему-то кажется
Что речь идет
Именно о Волге
ГАЗ-24
Или ГАЗ-2410
Как-то вот прямо
Есть такая уверенность
Черная Волга
Черная Волга
Черная Волга предстает
Одушевленным предметом
Она сама решает поехать
К Юго-Востоку
Туда, где теплее
Туда, где никто ее не обнаружит
Так в песне
И там же —
Деревни, дороги, дома
Становились все хуже
Полиция злее
Действительно, в России
Чем севернее, тем лучше
А чем южнее, тем
Ну, не будем об этом
Хотя, сложный вопрос

Например, Ростов
Какой же прекрасный город
И какие там прекрасные люди
В большом количестве
Или вот все говорят
Что какой же прекрасный город
Краснодар
Да, реальность сложна
Но если просто проехать поездом
От Мурманска до Ставрополя
Нету, наверное
Такого поезда
И внимательно смотреть
На все проплывающее мимо
То
В общем
Ладно
Не будем об этом

А Москва ровно посередине
Все, что севернее —
Север
А все, что южнее —
Юг
На севере Московской области
Уже тайга
А на юге Московской области
Уже лесостепь

В общем, в обсуждаемой нами песне
Автомобиль Волга
Приехал к Каспийскому морю
Интересно, где
В Астрахани
Или в Дагестане
И самостоятельно
Бросился в море
Как поется в песне
Дав на прощанье
Клубы дыма и пара
Черная Волга
Разогнавшись, упала

В Каспийское море
Еще из песни:
Никто из людей не заметил
Как исчезла машина
С городских улиц

Что, собственно
Хорошего в этой песне
Она незамысловата
Бесхитростна
Но в ней есть, все же
Что-то хорошее
Кажется, вроде бы
Это вот признание
За так называемыми
Неодушевленными предметами
Одушевленности
Машины — они ведь живые
Тепловозы — они ведь живые
Теплоходы — они ведь живые
Электровозы — они ведь живые
Электрички — они ведь живые
А уж насколько живые самолеты
А уж насколько фантастически живые
Космические ракеты
Мы совершенно сошли с ума
Считая живыми
Только себя
Посмотрите на взлет самолета
Посмотрите на взлет
Космической ракеты
И посмотрите на себя
Кто из нас живой
Вот вопрос

Самолет разгоняется и взлетает
Прекрасный, тяжелый и легкий
Разгоняется и взлетает
Космическая ракета люто стартует
Тяжелая и невесомая
Электровоз разгоняется
И победно воет

Электричка живо проносится мимо нас
И машина разгоняется
И сама распоряжается
Своей судьбой

Уважайте, люди
Неодушевленные предметы
Так называемые
Неодушевленные предметы
Иногда они могут
Сами распорядиться
Своей судьбой
Как в песне
Черная Волга
Группы Сплин

Издалека долго
Ехала черная Волга

**Как умирают машинисты метро**

Машинисты метро
Умирают по-разному
Кто-то в своей постели
В окружении родных и близких
Кто-то в результате автокатастрофы
Кто-то из-за медицинской ошибки
Кто-то от падения с большой высоты
Кто-то от горя и ужаса
В общем, по-разному
Умирают машинисты метро

Но по идее
Если вдуматься
Они должны умирать
Как-то вот так
Примерно вот так

Предположим, машинист работает
На желтой линии, короткой
Она еще называется Калининская
Хотя никто толком не знает
Что в ней такого калининского
Машинист приезжает
Вместе со своим поездом
На конечную станцию «Новокосино»
Поезд почти пустой
Зато на противоположной стороне платформы
Толпятся пассажиры
Утро, час пик
Сейчас надо будет заехать в тупик
Перейти в противоположный головной вагон
И выехать обратно на станцию
Открыть двери
Пассажиры наполнят собой вагоны
И вперед, в центр
До станции «Третьяковская»
Все как обычно
Все как всегда

Поезд медленно въезжает в тоннель
Но почему-то стрелку не перевели
И поезд не заезжает в тупик
А продолжает ехать вперед
Что такое, почему
Что за фигня
Никогда такого не было
Там же впереди ничего нет
Это конечная
Машинист пытается тормозить
Но поезд не слушается его команд
И едет куда-то вперед
Обычный тоннель
Фонари на стенах
Провода, светофоры
Поезд въезжает на станцию «Салтыковская»
Какая еще «Салтыковская»
Нет такой станции
Что вообще происходит
Алло, Михалыч, Михалыч
Это два ноль восемь
Ты слышишь меня
Михалыч, Михалыч, алло
Где я, что за фигня
Какая-то «Салтыковская»
Куда я заехал
Михалыч не слышит
Михалыч уже где-то далеко, далеко
Хотя пока еще не очень далеко
Но он уже ничего не слышит
По станции «Салтыковская»
Медленно бродят какие-то фигуры
Две или три странные фигуры
Поезд набирает скорость
Станция «Железнодорожная»
Обычная такая, но красивая
Серый и бурый гранит
Яркие фонари
Кто-то сидит, согнувшись
На красивой, затейливой формы
Скамейке
Поезд набирает скорость

И по-прежнему не слушается команд
Станция «Электроугли»
Паника, ужас
Что происходит, что происходит
Какое-то прямо Метро-2
Или что это такое, непонятно
Поезд уже набрал скорость
Нехарактерную для поездов метро
Поезд пролетает станцию «Электросталь»
Машинист успевает заметить
Только название станции на стене
Поезд едет уже со скоростью
Японского экспресса «Синкансэн»
Можно сказать, летит
И машинист вдруг ловит себя на мысли
Вернее, на ощущении
Что ему необыкновенно приятна
Эта запредельная скорость
И уже как-то не хочется тормозить
И звонить Михалычу
Хотя все равно, непонятно
И как-то тревожно
И вообще, как быть
Надо бы как-то возвращаться
На станцию «Новокосино»
Сегодня последний день перед отпуском
Отпускные получить, то-сё, все дела
Послезавтра с Ниной
Должны лететь в Анталию
Да, в Анталию...
Лететь в Анталию...
Это... море... да...
Отпуск... отпускные...
Но как же приятно
Нестись со скоростью
Японского экспресса «Синкансэн»
И даже с еще большей скоростью
И уже даже и не очень тревожно
Как-нибудь, ладно
Как-нибудь
Михалыч, Анталия, Нина
Как-нибудь обойдется

Машинист пока еще толком не понимает
Что с ним происходит
Но тело его уже начинает догадываться
Он откидывается в своем кресле
И просто смотрит прямо перед собой
В тоннеле становится все светлее
Нет, поезд не поднимается
На поверхность Земли
Просто тоннель заполняется
Мягким желтовато-розоватым светом
Исходящим из неизвестного источника
Машинист смотрит прямо перед собой
Мелькают станции со странными названиями
«Проспект Героев Невежества»
«Алмазное шоссе»
«Мемориал Жестоковыйных»
«Библиотека имени Мученика Уара»
«Улица 1453 года»
Машинист смотрит прямо перед собой
Расфокусированным взглядом
И нехотя думает — ну надо же
И вдруг — станция «Свиблово»
Беловато-сероватый мрамор
Колонны
Гербы русских городов на стенах
Какое «Свиблово», почему «Свиблово»
Даже никогда не работал
На этой линии
На платформе толпы пассажиров
Наверное, утро, час пик
Поезд несется уже гораздо быстрее
Японского экспресса «Синкансэн»
Но машинисту каким-то образом
Удается разглядеть каждое лицо на платформе
Каждое лицо
Парня с наушниками
Девушку с электронной книгой
Женщину с книгой в цветастой мягкой обложке
Усталых теток бухгалтерского вида
Угрюмых мужиков в камуфляже
У одного из них на рукаве нашивка
ЧОП Беркут

Просто угрюмых мужиков, без камуфляжа
В черных джинсах, черных шапках
И черных куртках
Несколько прекрасных женщин
Несколько женщин
Умеренной степени прекрасности
Несколько женщин
Ну таких, симпатичных, в принципе
Несколько просто женщин
О которых нельзя сказать
Ничего определенного
Несколько очень некрасивых женщин
Очень элегантную пожилую женщину
Несколько пожилых женщин
Не обладающих элегантностью
Несколько сморщенных старушек
И одну необыкновенно, невероятно
Прекрасную женщину
И старичка
С, как это принято говорить
Добрым и мудрым взглядом
Или еще говорят — с добрым прищуром
И — конечно же, с седой бородой
Старичок с добрым и мудрым взглядом
Может быть только с седой бородой
Так сказать, законы жанра
По-другому ведь и не бывает
Старичок очень долго
Смотрит в глаза машинисту
И, знаете, как в таких случаях говорят
Улыбается одними глазами
Что такое улыбаться одними глазами
Как это вообще — непонятно
И тем не менее
Да — улыбается одними глазами

И до машиниста постепенно начинает доходить

Поезд несется дальше
В желтом и розовом свете
В сознании машиниста
Вдруг всплывает мысль

Что ему почему-то всегда очень нравился
Длинный перегон
Между «Перово» и «Шоссе Энтузиастов»
Едешь себе, едешь
Думаешь о своем
И еще подумалось: немного жаль
Что теперь уже не придется ему
Приезжать на конечную станцию «Третьяковская»
И громкоговоритель не будет объявлять
Станция «Третьяковская», конечная
Переход на Калужско-Рижскую линию
И станцию «Новокузнецкая»
Поезд дальше не пойдет
Просьба выйти из вагонов
Почему-то нравился этот момент
Не очень понятно, чем именно
И вот теперь этого уже не будет

Ну и ладно

Машинист закрывает несуществующие глаза
И ему становится теперь уже
Окончательно хорошо

*11-12 марта 2015 года*

## Электросталь

Просто день был такой
Совершенно нечем было его наполнить
Работой или, там, домашними делами
Пустой светлый солнечный день
Значит, надо сделать так
Надо выйти из дома, прийти на остановку
Дождаться 14 автобуса
Его долго не будет
И уже возникнет тревога
И поднимется рука ловить
Так называемую тачку
Бывает, что 14 автобус
Не появляется минут сорок
Или час
Потенциальные тачки не останавливаются
И возникает риск опоздания на электричку
И вдруг — раз! — и учтиво подъезжает
Автобус 14
Народу мало
Можно сесть на удобное кресло
С хорошим обзором
И ехать, ехать
Сначала по району Кожухово
А потом по пересеченной местности
По местности, пересеченной
Дорогой, по которой едет
Автобус 14
Мимо невзрачных полей
Мимо каких-то деревьев
Мимо гаражей каких-то, кажется
Или не гаражей
Мимо каких-то строений
Мимо какой-то, заполненной чем-то
Пустоты
А потом мимо высоких домов
Района Новокосино
А вот уже и станция Реутово
Купить билет
Выйти на платформу
Подождать на платформе

Электричка до Захарово
Сесть в электричку
И ехать, ехать, ехать
Ехать, ехать и ехать
Не так уж и долго, в принципе, ехать
Как же это прекрасно — ехать
На электричке от Реутово до Электростали
Народу мало
Погода хорошая
Пронесся мимо хороший город Железнодорожный
Где играет хорошая футбольная команда
Третьей лиги
Где живет хороший мой товарищ Алексей
Где строятся высокие, красивые дома
Пронеслись еще городки, поселки и станции
На перегоне Фрязево — Металлург
Электричка вдруг запела
Это, наверное, особое трение
Колес о рельсы
Или еще что-то такое
Получается какой-то вой, или пение
И этот вой-пение очень похож
На какую-то удивительную
Симфоническую музыку
Которую мог бы сочинить
Мой друг, композитор Владимир Раннев
Но он такую музыку, наверное, не сочинит
А потом электричка прибывает на станцию Электросталь
И надо уже выходить
До стадиона идти недалеко
Да, забыл сказать: цель поездки
Посетить матч Чемпионата России
По хоккею на траве
Динамо Электросталь — Динамо Казань
Так вот, стадион совсем рядом
Надо только пройти совершенно пустынную улицу
И пофотографировать
Заводской забор, и заводскую трубу
Хороший вечерний свет
Хороший прозрачный воздух
И даже телефоном удается
Сделать неплохие кадры

На перекрестке
У магазина Магнит
О, магазин Магнит
Какова твоя всепроникающая сила
Везде ты, магазин Магнит
В каждой дыре ты
Такова сила маркетинга
Так вот, на перекрестке
У магазина Магнит
В течение примерно четырех минут
Подошли трое нищих
И обратились с просьбой
Профинансировать приобретение
Алкогольных напитков
С целью коррекции так называемого здоровья
Всем трем вопрошающим
Были выданы требуемые суммы
И вот, наконец, стадион
И вот, наконец, хоккей на траве
На ярко-зеленом искусственном поле
Опоздал всего на восемь минут
А Динамо Электросталь уже выигрывает
У Динамо Казань со счетом 2:1
Как у вас тут все быстро
Одна команда в синем, другая — в красно-белом
Рядом сидит группа девушек
По разговору — хоккеистки на траве
Хотя разговор по-своему изысканный
Четкие, правильно построенные фразы
Деепричастные обороты
И много тонкого остроумия
Речь, практически, выпускниц РГГУ
Но это хоккеистки из Электростали
Много неисследованной реальности
Размещается на нашей беспредельной
Русской равнине
Девушки обмениваются своими тонкими фразами
И им задается вопрос
Собственно, кто в чем играет
И выясняется, что Динамо Электросталь
Играет в красно-белом
Как-то сразу рушится мир

Не то что бы мир
Но его важная спортивная составляющая
Никогда в жизни
Не видел Динамо
В красно-белой форме
Разве что вспоминается
Бухарестское красное Динамо
Красные псы, как они сами себя называют
Ну, есть еще Динамо Хьюстон
Оранжевое
Ну, это далеко
Хотя, как следует из документов клуба
Они ориентировались на восточно-европейские бренды
Динамо Москва и Динамо Киев
А все остальные Динамо
Вроде бы бело-синие
Или хотя бы просто синие
Или бело-голубые, как было с самого начала
Но никак не красно-белые
Это, знаете, какой-то плевок в душу
Нет, знаете, невозможно болеть
За красно-белое Динамо
И за Динамо казанское тоже нельзя болеть
А игра-то ведь интересная
Занятная ведь игра
Все же остался сидеть на трибуне
И к концу было 4:3 в пользу Электростали
И пошел уже с трибуны на выход
И Электросталь в последней контратаке
Забила гол
5:3, победа, ура
Можно было бы порадоваться
Если бы были хотя бы
Просто белые цвета
Как у мадридского Реала
Или просто черные, например
Или серые
Или коричневые, как у немецкого клуба
Санкт-Паули
Или ну не знаю, сиреневые какие-нибудь
Но не красно-белые
Надо все-таки совесть иметь

Надо как-то все-таки меру знать
Как говорят некоторые, берега надо видеть
Это был интересный матч
Но один болельщик был для клуба
Динамо Электросталь
Потерян
Спасибо вам за интересную игру
Можно подумать, мы ходим на ваши игры
За интересными играми
За ними, но не только
Смысла теперь нет
Изучать сайт ваш
И ехать к вам на электричках
Издающих на перегоне
Фрязево — Металлург
Нечеловеческую симфоническую музыку
Если вы играете
В красно-белой форме
Нося имя Динамо
Теперь смысла ездить к вам нет
Жаль, жаль, жаль
Очень, очень жаль
На обратном пути
Был тихий солнечный вечер
Долгое ожидание автобуса, и электрички
И потом радостный путь домой
Пусть, пусть не состоялось
Приязни с командой Динамо Электросталь
Все же, играть в красно-белой форме
Это слишком
Но как прекрасно было все остальное
Мчание мимо Железнодорожного
Мимо новостроек и поселочков
Мимо поселков и деревень
Как прекрасна была музыка электрички
Между Фрязево и Металлургом
Как прекрасна была пустая станция Электросталь
И как прекрасна была пустая улица
От станции до стадиона
И стадион как был прекрасен
И даже надо подумать
Может, простить команде Динамо Электросталь

Облачение в красно-белую форму...
Это трудный вопрос, надо подумать
В общем, прекрасно было это все
Электричка мчит назад, в Реутово
Пора возвращаться в обычную реальность
Пора возвращаться, да, пора возвращаться, да
Станция Реутово, да, станция Реутово
Путешествие закончилось, спасибо
Команда Динамо Электросталь
Я тебя все равно запомню
В хорошем смысле
Буду все равно поглядывать
Как ты там
И поездку эту буду вспоминать
Как какое-то простое повседневное чудо
Реутово, Железнодорожный
Фрязево, Электросталь
Спасибо, Электросталь
За этот один вечер
Такие вечера
Наполняют нашу жизнь
Собственно жизнью
Спасибо, Электросталь
Спасибо, спасибо, спасибо

## Байкал

Здравствуй, Байкал
Здравствуй, Байкал
Спасибо, что дал мне
Побывать на твоих берегах
На берегах тебя
Увидеть тебя
Ранним рассветным утром
Днем
Вечером и ночью
Пить твою воду
И умыть лицо
Твоей водой

Но нет, это не этнография
Это не этнография
Это не изучение интересных мест
И не выявление природных особенностей

Цель этого небольшого текста
Не описание Байкала
И не прыгание вокруг него
С этнографическим
Или географическим
Бубном

Хотелось бы обратиться к Байкалу
Как к живому существу
Или, можно еще сказать
Как к личности
Понятно, что это не новость
Подумаешь, новость
К водоемам издревле
Обращались как к личностям

Да, обращались
И правильно делали
К Волге, Енисею
Волхову, Ильменю
И Москве-реке

Не претендуя на новое
Обращаюсь к Байкалу
Да, Байкал, ты мощная личность
Если честно, ты уж извини
Страшно рядом с тобой находиться
Не знаешь, чего от тебя ожидать
Ты беспредельно спокоен
Синева, тишина и штиль
Но, чтобы сгинуть в тебе
Не надо дожидаться
Шторма и сильного ветра
В тебе можно сгинуть
Просто так, вдруг
Раз — и как-то вдруг сгинул
Есть такое ощущение
Ничем не объяснимое

Ты был милостив ко мне
Спасибо, спасибо, спасибо
Я поприветствовал тебя тихо
На тихом, мирном пляже
Ты позволил мне
Сделать много
Фотографических снимков
Был какой-то неимоверный свет
Два снимка, сделанных
С интервалом в две секунды
Были совершенно разными
Сейчас свет такой
А потом вот такой

А потом была еще поездка
К дальней, очень красивой
Бухте
Ты, Байкал
Лежал в своей синеве
И был очень грозный
И какой-то катастрофически
Прекрасный
Красота, грозная красота
Подобной красотой
Обладает бомбардировщик

Ту-95
Тонкий, изящный
С тонкими крыльями
И воздушными, вращающимися
Пропеллерами
Красивый и смертоносный
Берегись, человек
Стратегического бомбардировщика
Ту-95
Не будь к нему невежлив
Оскорбителен
И непочтителен

Так и ты, Байкал
Горе тому
Кто будет к тебе
Невежлив, оскорбителен
И непочтителен

Слава Богу, я почувствовал это заранее
И был к тебе, Байкал
Вежлив и почтителен
Я не оскорблял тебя
Долгим смотрением на тебя
Это ведь то же самое
Что смотреть незнакомому человеку
В глаза
Посмотрел немного — и хватит
Сделал некоторое количество снимков
И будет
Поспал на твоем берегу
Вдохнул твой воздух
И все

Местные жители
Говорили, что надо
Принести жертву местным духам
Это называется «побранить»
Даже наш автобус останавливался
Возле такого вот бурхана
Я не стал
Извини, Байкал

Как говорится
Религия не позволяет
Надеюсь на твое понимание
Ничего личного, как говорится

В общем, Байкал
Я тебе честно скажу
Ты — не такое место
В которое хочется
Снова и снова приехать
Не такое место
Куда хочется поехать
Отдыхать и расслабляться
С тобой не очень-то
Расслабишься
Слишком я уважаю тебя
И побаиваюсь
Чтобы вот так вот сказать
О, клевое место
Тут прикольно, хорошо, спокойно
Душа отдыхает, и так далее

Нет

Душа у тебя тут
Не отдыхает
Но тут у тебя такое есть
Даже не знаю, как это объяснить
Ну вот как-то так —
Побывал на твоих берегах —
И что-то важное в жизни произошло
Без этого чего-то не было
А побывал — и что-то важное
Стало

Я увидел тебя, Байкал
Четыре года назад
Из окна поезда
Я рассмотрел тебя, Байкал
Потрогал тебя
Попил тебя и умылся тобой
Сейчас, в 2014 году
Ну и слава Богу

Не факт, что я еще увижу тебя
И, скажу страшные слова
Не то что бы очень стремлюсь
К этому
Думаю, что и ты
Не очень стремишься к тому
Чтобы меня увидеть
Тебе все равно
И это правильно
Действительно
В общем-то

Но вот это июньское утро
Когда произошло соприкосновение
С твоими водами
И вот этот июньский день
Когда ты лежал внизу, в бухте
Спокойный, синий и грозный
Останется, так сказать
Навсегда в моей памяти
Звучит по-идиотски
Ну что делать
Да, это мне запомнится
Навсегда

**Вечная весна в одиночной камере**

Есть такая песня
Егора Летова
Вечная весна
В одиночной камере
Все, наверное, слышали
Очень хорошая песня
Мощная и удивительная
Как и все песни
Егора Летова
К песням Егора Летова
Трудно что-то добавить
Они сами по себе
Велики и удивительны
И душераздирающи, и мощны
Но вот обнаружился клип
На песню про вечную весну
Клип, надо сказать
Удивительный
Или, может быть
Это мне просто так
Показалось
Не знаю, причастен ли
К этому клипу
Сам Егор Летов
Или близкие к нему люди
Может быть, и нет
В общем, он такой
Краткое, так сказать
Изложение
Сначала голуби на фоне окна
Потом безрукий нищий
Годов, наверное, пятидесятых
Совершает Крестное Знамение
Потом какой-то человек
Сидящий где-то
В яме что ли какой-то
Смотрит вверх
Потом изображение
Населенного пункта
Села какого-то, или поселка

Страшного, убогого
В котором невозможно жить
Но, вот, люди живут
Люди где только ни живут
В том числе и вот в таких
Страшных населенных пунктах
В страшных населенных пунктах
Живет огромное количество
Населения Российской Федерации
Ну да ладно
Нам надо сейчас изложить
Содержание клипа
Вечная весна в одиночной камере
Это песня Егора Летова
Великая песня
И на нее снят великий клип

Так вот
Дальше вот что
Дальше фотография
Чего-то типа свадьбы
А потом человек
Чистит другому человеку
Ботинки
И опять сидящий в яме
Человек
Смотрит вверх
А дальше
Идут мимо камеры
Несчастные, улыбающиеся люди
А дальше — счастливые люди
Кормящие голубей
Или других птиц
Пережеванной ими пищей
Ну, вот оно так
Такая вот жизнь
Была
И дальше нищий человек
Ведет себя, так сказать
Не очень адекватно
А как нищему человеку
Вести себя адекватно
Непонятно

Он такой, знаете
В шапке-ушанке
Типичный русский человек
И песня звучит на этом фоне
Похотливых православных
И прожорливых католиков
Очень точно Егор Летов
Определил страсти
Обуревающие представителей
Двух обозначенных им
Религий
Впрочем, и другие страсти
Обуревают похотливых православных
И прожорливых католиков
Восемь основных страстей
Обуревают их всех,
Вернее, нас всех
Православных, католиков
Иудеев, мусульман и буддистов
А дальше там секундная сцена
Какая-то баба в платке
Отбирает костыль у инвалида
И костыль зацепляется
За какую-то повязку
Висящую на шее у инвалида
Но потом он отцепляется
И костыль освобождается
И баба уходит с костылем
А инвалид остается
Без костыля
И сидит
И потом камера переключается
На другое
Голуби, инвалиды
Покалеченные люди
Покалеченный и изуродованный
Наш русский народ
Люди без ног
Без кистей
Без пальцев
Без глаз
Без всего остального

Оставшийся без всего этого
Наш русский народ
Знаете, вот что вам надо сказать
Когда будете говорить
Что русский народ — это такие империалисты
Которые стремятся захватить все живое
Все прекрасное подавить
Посмотрите вот этот клип
Очень просто его посмотреть
В ютюбе просто надо набрать
Вечная весна в одиночной камере
И можно будет увидеть
Все это вот все
Этих людей, бредущих
На коленях, за отсутствием ног
И других безногих
Разгоняющихся на своих тележках
И не всегда успевающих затормозить
Ну и так далее
Русский народ — это примерно вот это
Несмотря на некоторые успехи
Последних лет
Несмотря на средний класс
Несмотря на хипстеров
И других благополучных людей

Тут надо какое-то завершение сделать
Сказать что-то такое
Но нечего больше сказать
После этого клипа
Иногда во время его просмотра
На глаза наворачивались слезы
Но это ладно
Мы современные люди
В конце-то концов
И плакать нам не пристало
Стихотворение близится к завершению
И надо сказать еще пару слов
Об авторе текста
Который инспирировал это вот все
Без которого ничего этого
Не было бы

Егор Летов
Егор Летов
Почему-то так и не получилось
С ним познакомиться
Есть очень много
Просто море знакомых людей
Знакомых с Летовым
В том числе очень близко
А вот с самим Егором Летовым
Познакомиться так и не удалось
Вот ведь как
Странно это, странно
Дорогой и любимый человек
А познакомиться так и не удалось
Так Господь распределяет
Судьбы людей
И надо с этим смириться
Вечная память
Вечная память
Вечная память
Воробьиная истошная оскаленная хриплая
Неистовая стая голосит во мне
Воробьиная истошная оскаленная хриплая
Неистовая стая голосит во мне
Вечная весна в одиночной камере
Вечная весна в одиночной камере

**Vincent Descotils**

На сайте
Одного французского фотографа
Художника
Фильммейкера
И так далее
На главной странице
Размещена фотография
Асфальтовая
Или, может быть, грунтовая
Дорога
Среди заснеженного поля
Точка зрения, наблюдения
Находится
Непосредственно на дороге
Вернее, над дорогой
Снимающий, и, соответственно
Смотрящий
Стоит на дороге
И смотрит вдаль
На уходящую вдаль
Дорогу
Мы смотрим
На уходящую вдаль
Дорогу
Мы смотрим, мы смотрим

Справа от дороги
Мы видим указатель
Такими обычно обозначают
Названия населенных пунктов
Но впереди не видно
Никаких населенных пунктов
Вообще ничего
Кроме снега
Чуть дальше — два светлых столбика
С темными полосками
Такими иногда обозначают
Железнодорожные переезды
Правда, впереди не видно
Никакого железнодорожного переезда

Вообще ничего
Кроме снега
А слева мы видим
Одинокий, туповатый какой-то
Жалкий, убогий
Темный столбик

Больше ничего
Черная дорога
Столбики эти жалкие
Сплошной белый снег
Сплошное серое небо

Мы в своей глупой гордыне
Думаем, что вот такие
Покинутые, тоскливые пейзажи
Есть только здесь, у нас
Конечно, нет
Вряд ли этот человек
Для съемки своего
Великого, жалкого
Серенького
Гениального пейзажа
Ездил куда-нибудь
В Ямало-Ненецкий автономный округ
Или в Тверскую область
Или в Новгородскую
Или в Архангельскую
Просто выпал снег
И человек сделал свой снимок
Где-нибудь под Парижем
Или в Провансе
Или, там, в Нормандии
Не будем перечислять
Все французские регионы
Где-нибудь рядом с домом
Снял, и получилось
Вот так

Покинутость везде есть
Одинокость везде есть
Бескрайность везде есть
Серенькость везде есть

Хочется отойти немного в сторону
Этой картины, в снег
Там, наверное, не очень глубоко
По щиколотку, по колено
Отойти в сторону, в снег
И подождать

Сначала ничего не будет
Может быть, час ничего не будет
Два или три часа ничего не будет
А потом послышится отдаленный гул
Гул будет все приближаться
Вдали покажется точка
Она будет расти
И наконец
Мимо пронесется с воем
Уазик-буханка
И, поднимая снежный шлейф
Унесется вдаль
В сторону Парижа
Клермон-Феррана
Нима, Валанса
И Сен-Мало

На этой дороге
На такой дороге
Обязательно должен появиться
Рано или поздно
Уазик-буханка

А вот уазиков-буханок
Действительно, больше нет нигде
Только у нас.

**Звезды**

Вышел из здания
Сочинского аэропорта
И увидел звезды
В большом количестве
У нас нет такого
У нас видно
Только Венеру
Которая и не звезда вовсе
И, говорят, Сириус
Ну, днем Солнце еще, иногда
А тут — прямо много звезд
Вспомнилась еще
Поездка в Вологодскую область
В Нилову пустынь
Не путать с той, что в Тверской
Там тоже есть Нилова пустынь
Но другая
Ехал в поезде, проснулся ночью
Посмотрел в окно
И море звезд
Красиво, вообще-то
Более красиво
Чем что-либо другое
И вот подумалось
Зачем это, зачем
Зачем нам их показывают
Ну какой в этом смысл
Непонятно

Зачем нам показывать
Вот это
Более красивое
Чем что-либо другое

Почему бы Творцу
Творящему наш мир
Не создать
Над нашими головами
Некую сферическую твердь
Высоту трудно определить

Самолеты летают
На высоте 10 тысяч метров
Более или менее
Вот почему бы над ними
Не создать твердь
С другой стороны
Когда летишь в самолете
На высоте 10 тысяч метров
И смотришь на небо
Оно такое удивительно черное
Ну, не черное в прямом смысле
А какое-то... в другом смысле черное
И там космос виднеется
Чуть-чуть
И ради этого одного
Стоит не просто летать иногда
На самолетах
А вообще, извините за выражение
Жить
Ну, ладно, значит
Надо отодвинуть небесную твердь
Закрывающую звезды
Чтобы они нас не беспокоили
Еще на некоторое расстояние
Учесть спутники
Мобильную, спутниковую связь
Разведку, гугл-мапс
И все остальное
И отодвинуть небесную твердь
На триста или на тысячу
Километров
А, вот еще, забыл
Важная штука
Иногда запускают
Такие искусственные штуки Земли
В сторону Марса, там, Юпитера
Сатурна, страшно сказать
Чтобы они пролетели мимо
И ничего не поняли
Про Марс, Юпитер и Сатурн
Но передали какие-то фотографии
Непонятные, нерасшифровываемые

И чтобы потом улетели
Вообще хрен знает куда
В бесконечность
Это, вообще-то, жестоко
Или влились в хвост
Какой-нибудь кометы
Это, наверное
Более вероятно
Вообще, это очень жестоко
Вот так вот посылать
Творения своих рук
Куда-то, ну вот буквально
На<нецензурное слово>
Но, наверное
Другого выхода нет

Ну, для этих штуковин
Можно сделать просто дверцу
Какую-нибудь
В этой небесной тверди
Дверца открылась
Раз! — и улетел
И опять закрылась
И опять мы не видим звезды
Которые только беспокоят нас

Но вот как-то нет
Не предусмотрено это
Творцом мира

Творец, творящий наш мир
Не создает эту самую
Небесную твердь
Закрывающую звезды

А зачем они нужны
Зачем их видеть
Вот вопрос

Зачем их нам вообще показывают
Вот вопрос

Сидишь, например
И пишешь статью
О том, что один крупный
Очень крупный банк
Кардинальным образом изменил
Свою систему ипотечного кредитования
И теперь все довольны
И даже можно произнести это слово
Счастливы
Почему бы и нет
И менеджеры по ипотечному кредитованию
Они называются прекрасным словом МИК
И клиенты
Которые идут просто косяками
Все счастливы

А они сияют, сияют
Зачем, непонятно

Или идешь в магазин за вискарем
Рядом, прямо вот совсем рядом
Магазин, оказывается
И вот, можно купить
Почему бы и нет
В Сочи вообще много магазинов
Это хорошо
И идешь, и покупаешь

А они сияют, сияют
Зачем, непонятно

Или идешь просто к морю
Маленькая, но бурная речка Хоста
Впадает в Черное море
Маленькая стремительная речка
Впадает в спокойное море
Как это прекрасно и трогательно

И звезды сияют
Висят и сияют
Зачем, непонятно

Это какая-то насмешка
Это точно насмешка
Ну просто потому что
Другой версии нет
Но ничего плохого
Нет в этой насмешке

Бог смеется над нами
Ну а как над нами не смеяться
Мы же очень смешные
И вот Он смеется

Просыпаешься утром
Ну, не то что бы утром
Так, относительно
Часа в три дня, например
Это тоже утром
В общем
Просыпаешься утром
И через некоторое время
Необходимое, чтобы
Прийти в себя
Слышишь этот смех
Этот неслышный смех
Этот журчащий смех
Этот смех, прекрасней которого
Нет вообще ничего
И он очень, знаете, заразительный
Этот журчащий неслышный смех
Слушаешь его
И начинаешь тоже смеяться
И начинаешь уже, извините, ржать
Потому что совершенно невозможно
Остановиться
Так это все заразительно
Ржешь и ржешь
Правда, окружающие тебя люди
Не слышат твоего ржания
И пытаются общаться с тобой
В обычном режиме
И ты общаешься с ними в обычном режиме
Но ты безостановочно ржешь

Потому что это действительно
Очень смешно
Все вот это
Ужасно смешно

## Пасха

Господи, Господи
Помилуй мя (меня)
Грешнаго (грешного)
Должен Тебе сказать
Что-то такое
Что трудно сказать
В какой-то другой форме
Например, в форме исповеди
Потому что это не грех
В прямом смысле этого слова
Хотя, конечно
Грех, грех
В некоем высшем смысле
Ну, в общем,
Как бы это сказать
Наступила Пасха
Светлое Твое Воскресение
Господи
В книгах написано словосочетание
Пасхальная радость
Которую надо чувствовать
Ощущать пасхальную радость
Я, честно говоря
Ее не чувствую, не ощущаю
Совершенно не ощущаю
Пасхальную радость
Как она описана в книгах
Ну, то есть, саму по себе
Да, был Великий Пост
Не то что бы я его сильно соблюдал
Но все же
Ограничивал себя в том и этом
В чем-то слегка ограничивал
И вот наступил тот день
Когда можно себя более
Не ограничивать
В каких-то вещах
Например, можно употребить
В пищу так называемое мясо
И можно употребить, например

Алкоголь
Не то что бы алкоголь
Совсем не был употребляем
В течение Великого Поста
Был, был
Но это было как бы украдкой
От Тебя
А теперь вроде бы Ты разрешаешь
Значит, теки, алкоголь
Широким потоком
Широкой струей
Широкой струей — в широком смысле
Просто, типа, теперь можно
И мясо можно
Ну и вообще
Как прекрасно это ночное разговение
После ночной
Пасхальной службы
Набор изысканных кушаний
Бутылка французского вина
Хорошего, хорошего
Красного, красного
Ну и белого тоже
Можно, можно, можно
Можно, можно теперь
Ну и я, собственно
Возвращаюсь к теме
Пасхальной радости
К моему сожалению
Должен признать, Господи
Что моя пасхальная радость
Сводится к тому, что
Можно снять с себя
Хомут некоторых нетрудных ограничений
И весна, опять-таки
Весна
Не весна спасения нашего
Каковыми словами обозначается
Великий Пост
А просто весна
Тепло, хорошо
Можно надеть джинсовую куртку

Вместо куртки зимней
Можно сидеть на скамейках в парках
И, например, пить
Дозволенный (Тобой) теперь
Алкоголь
Например, хотя это и не обязательно
И вообще, можно как бы не задумываться
Весна, Москва, идти, ехать
Трамваи, троллейбусы
Метро, парки
Скамейки, алкоголь
Славная ты наша
Славная мирская жизнь
Москва, опять же
Москва — это лучшее место
Для мирской жизни
Все здесь для этого приспособлено
Все, что нужно
Работает круглосуточно
Город, который никогда не спит
Да и просто красиво
Если выйти, например
На набережную или на мост
Рядом с Кремлем
То дух захватит от прекрасности
Особенно если не жить здесь
И не видеть всего этого постоянно
По праву рождения
По счастливому праву рождения здесь
В благословенной нашей Москве
Впрочем, это уже другая тема
Господи, Господи
Вот так и происходит для меня
Твоя Пасха
Сначала небольшое напряжение
А потом Великое Расслабление
И вся пасхальная радость
Надо честно признаться
Заключается вот именно в этом
Великом Расслаблении
Что можно некоторое время
Все жрать

И можно, в принципе, пить
В разумных, конечно, пределах
И вообще можно как-то внутренне
Расслабиться
Внутренне, внутренне
И потом сказать себе:
Да, все же надо
Как-то собраться
И одолеть очередной пост
И потом опять, опять
И опять сначала
Как пел Егор Летов
Который, может быть
И вовсе не соблюдал
Никаких постов

Господи
Положение мое безрадостно
Хотел написать
«Как Ты можешь судить
По написанным выше строчкам»
Но Ты и так, без написанных строчек
Можешь об этом судить
Все же, судя по тому
Что жизнь моя пока продолжается
(Я надеюсь)
Есть все же какой-то шанс
Какой-то еще смысл имеется
Что-то может, глядишь
Изменится к лучшему
И, может быть
Когда-нибудь
Господи, Господи
Хочу Тебя попросить
Может быть, когда-нибудь
Удастся все же понять
Что же такое эта самая
Пасхальная радость

# End of Story

Публициста и историка
Егора Холмогорова
Многие не любят
Кто-то за резкость высказываний
Кто-то за их содержание
Еще бы, русский национализм
Не всем нравится
А мне он симпатичен
Мне кажется, он умный
И хороший человек
В наше время
Это настолько редкое сочетание
Что нельзя пройти мимо
Такого человека
И его проигнорировать

Егор Холмогоров
Откликается на все происходящее
И вот он откликнулся
На убийство французских карикатуристов-богохульников
Крепко верующими
Мусульманскими ребятами
И сказал очень важные слова
Цитирую:

Христос не боится карикатур. Никогда и никаких
Христос — Бог, принявший полноту природы человека
Добровольно подвергшийся голоду, изгнанию, насмешкам
Хулам, поношениям, неправедному осуждению
Пыткам, мученической смерти
Даже на кресте один из распятых рядом разбойников
Поносил Его
Христос — Бог, пришедший быть подвергнутым
Унижениям, насмешкам и пыткам.
Так что карикатурой Его не испугаешь

Конец цитаты

Надо бы нам всем
Помнить все это

Постоянно помнить
Это вот отличие
От всех других религий
Что Бог пришел и стал Человеком
И что Ему было, как и нам
Страшно и больно
Это важный момент
И не стоит о нем забывать

Собственно, на этом все
Что тут еще сказать
Все написано в книгах
Просто Егор Холмогоров
Напомнил о каких-то
Уже известных вещах
И спасибо ему за это

А я сегодня сходил на хоккей
Хэй, хэй
Атлант (Мытищи) — Динамо
Хэй, хэй
И два периода они рубились
Хэй, хэй
И было 0:0
Хэй, хэй
А потом Динамо
Быстро забило
Три гола
Хэй, хэй
Хэй, хэй
А потом, под конец
Атлант затолкал две шайбы
В динамовские ворота
Хэй, хэй
И стало 2:3
И появилась интрига
Хэй, хэй
Но все закончилось благополучно
В смысле, Динамо победило
Хэй, хэй
Хэй, хэй

И тут, казалось бы
Надо бы написать
Что вот, мол
В мирской суете
Во всем этом хоккее и прочем
Мы забываем о Высоком
И распространить это высказывание
И еще что-то сказать такое
И так далее

Но нет
Мирская суета
Существует вместе, рядом
С осознанием важных вещей
Когда динамовцы забивали
Первый свой гол
И второй
И третий
Как раз думалось
О вот этом посте
Егора Холмогорова
И о высказанных в этом посте
Высоких (я без иронии)
Мыслях
Но при этом была и радость
От забитых голов
И от всей души оралось
Лишь в одну команду мы верим
За нее всегда мы болеем
Никогда в беде не оставим
Только Мальцев, только Динамо
(На футболе принято кричать не Мальцев
А Яшин)

Как-то все это сочетается
Высокое и как бы низкое
И непонятно, какие
Из всего этого
Можно сделать выводы
Наверное, никаких

А раз так, то надо
Просто заканчивать это стихотворение
Не обязательно должны быть в конце
Какая-то мысль или эффектное утверждение
Или какое-то закругление
Вот, мол, видите
Как оно все
Не нужно закругление
Просто — стихотворение заканчивается
Или еще можно сказать — завершается

Падает снег, стихотворение завершается

При чем тут «падает снег»
Какая разница, падает снег
Или не падает
Особенно по отношению к тому
Что было в начале стихотворения
И в его середине

И так вот всегда

Нет, не всегда

Да что же это такое

Никак не удается найти подходящие слова

Да, никак не удается
Найти подходящие слова
Для завершения стихотворения
Уже почти пять утра
И уже почти все читающие
Забыли, о чем было
Стихотворение
А жаль, жаль
Там, кажется, были какие-то
Вроде бы
Интересные мысли
Или не были
Сейчас уже трудно припомнить

За окном
Ярко освещенные
Заснеженные пейзажи
Дороги, улицы
Люберцы, Некрасовка
Вообще-то красиво

А о чем я хотел сказать-то
Трудно уже и припомнить
С чего вообще все началось
Да, вот вопрос

Суета мира
Нашего прекрасного мира
Как снег
Заметает все

Повествование зашло в тупик
И, значит, надо его заканчивать
Ну, в общем
Короче, текст подходит к концу
Текст окончен
Где-то, помнится
Видел такое выражение
End of Story
Конец истории
Не в смысле Истории
Как у облапошившегося Фукуямы
А в простом смысле — истории
Маленькая история
Рассказ какой-то
И вот его конец
Давно еще думал
Что хорошо бы
Так назвать группу
Музыкальную группу
Но я, увы, не занимаюсь
Музыкой
И нет у меня
Музыкальной группы

Ну так пусть так называется
Это стихотворение
Этот текст
Вот, хорошо, нашел применение
Для этого названия

Наступает время абсолютной тишины
И отсутствия
И, кажется
Несколько затянулось
Окончание этого текста
Оно уже составляет
Больше половины текста

Надо уже и вправду заканчивать

Собственно, текст окончен
Господа, текст окончен
Товарищи, текст окончен
Братия и сестры, текст окончен
Можно расходиться
Можно забывать

Это конец
Конец
Собственно, это конец.

# СОДЕРЖАНИЕ

www.ingramcontent.com/pod-product-compliance
Lightning Source LLC
Chambersburg PA
CBHW060946040426

42445CB00011B/1021